LIBERTÉS SANS EXPRESSION

CHRISTINE KELLY

LIBERTÉS SANS EXPRESSION

le cherche midi

Vous pouvez consulter notre catalogue général
et l'annonce de nos prochaines parutions sur notre site :
www.cherche-midi.com

92, avenue de France
75013 Paris

Conception graphique : Justine Dupré
Composition : Facompo
Dépôt légal : juin 2022
ISBN 978-2-7491-7219-4

Je ne serai pas célèbre ou grande. Je continuerai à être aventureuse, à changer, à suivre mon esprit et mes yeux, refusant d'être étiquetée, et stéréotypée. L'affaire est de se libérer soi-même : trouver ses vraies dimensions, ne pas se laisser gêner.

Virginia Woolf,
Journal d'un écrivain.

PARTIE 1

Mes libertés d'hier

Liberté, chère Léa

« Maman ! Maman ! Dépêche-toi, je ne veux pas être en retard !

— Léa, il ne me reste plus qu'à préparer ton déjeuner, et à le mettre dans ton cartable. Ne t'inquiète pas, je suis déjà prête, termine ta clémentine, brosse-toi les dents, et on y va ! »

Comme tous les matins, Léa est impatiente d'aller à l'école. Comme tous les matins, j'aime l'y conduire. Comme tous les matins, sur le parcours, en voiture, nos échanges sont pétillants, complices. Nous reprenons les conjugaisons, les calculs, nous détournons la poésie en chansons et voici déjà que nous gazouillons en duo. Tel est notre rituel matinal. Un moment de bonheur calme sur le chemin le plus quotidien.

Léa, ma fille, a déjà 7 ans. Depuis quelques semaines, j'observe un changement dans notre rituel. Elle ne lâche plus ses livres, qui l'accompagnent du lit jusqu'au chemin de l'école. J'ai tellement voulu lui donner ce goût des mots et de la lecture, j'en suis heureuse et aussi presque jalouse.

Je la regarde longuement. Chacun de ses gestes paraît toujours neuf à mes yeux ; c'est fou ce qu'elle me captive, me charme et m'émeut. Chaque fois que je la vois, un nœud se fait dans mon cœur. Peu lui importent mes lubies maternelles, parce qu'elle est avec ceux qui sont en train de devenir ses nouveaux amis, les auteurs, les personnages, les mots. Avec chaque mot – elle va l'apprendre – vient un choix. Oui, chaque mot est une avancée ou bien un préjugé. D'un mot seul, tout est possiblement engendré. « Par un mot tout est sauvé, par un mot tout est perdu », écrivait si justement André Breton. Alors, en la voyant découvrir les mots et les apprivoiser, je ne peux m'empêcher de me demander ce qu'elle en fera.

« Dis, maman… Dis, maman, tu m'écoutes ? Maman, tu te rends compte que Harry Potter restait en permanence à l'école des sorciers ?

— Comment est-ce possible ? je lui réponds, à moitié préoccupée par le dernier courriel où Marc Menant me propose son sujet pour l'émission du soir « Face à l'info », que je présente sur CNews.

— Il ne rentre chez lui qu'aux vacances d'été, maman, chez sa tante et son oncle, ajoute-t-elle, déjà repartie dans son monde enchanté.

— Je me serais sentie prisonnière, je n'aurais pas du tout aimé être enfermée toute l'année ! ai-je réagi comme un cri du cœur. Et loin de ses parents avec ça…

— Mais mamaaaaan… ajoute-t-elle dans un soupir et sur le ton de l'évidence. Il était heureux là-bas.

— Heureux sans être libre… »

Quand je regarde ma fille, Léa, les images de ma jeunesse me submergent. À son âge, la liberté me faisait l'impression d'un mot important. Venaient avec lui des images fortes et des points d'exclamation. Sa signification n'en restait pas moins confuse. La liberté, quel vaste mot, surtout lorsqu'on est petit. On ne connaît pas encore le long cortège des déclinaisons, mais on goûte ces petites libertés du quotidien, elles sont pour un enfant des conquêtes importantes. Que dis-je, des conquêtes primordiales.

En attendant, je vois ma fille regagner son école. Sous la discrète surveillance des deux hommes chargés depuis plusieurs mois de notre sécurité. Et le mot liberté, à cet instant, prend une mesure mensongère qui m'est insupportable.

Liberté sur mon île

Enfant, je rêvais à une existence sans contrainte. Et pourtant je suis née prisonnière, car je suis née sur une île. Mon île adorée.

L'île, c'est l'ailleurs, le lointain, le paradis. L'île est le lieu le plus visité par l'imaginaire et le plus prisé par les rêves. Cependant l'île idéale, pour une enfant comme moi, n'eût pas été coupée du monde mais bien reliée à lui. Car chaque île est un exil, d'une certaine façon, même pour ceux qui sont nés dessus.

Autour de moi, il y avait la mer des Caraïbes, impossible à enjamber, avec à son bout l'horizon, cette borne inamovible. Les années passant, mes pas étaient comptés et les distances trop courtes. Malgré les rencontres, le caractère, l'identité de la Guadeloupe, la force de sa culture, de son histoire, sa nature luxuriante et son paysage aux couleurs si profondes, on a tôt fait de vouloir voir le large. Alors je me trouvais toujours une place de choix pour regarder les bateaux, le ventre blanc des avions, tous d'une éventualité rassurante quoiqu'ils fussent promis à d'autres. Et néanmoins cette île était mon île. Ma Guadeloupe. Guadeloupe, je t'ai chérie, je t'aime encore plus aujourd'hui assurément, toi qui fus si longtemps cette forteresse idyllique. Terre chérie, terre d'abondance, qui aime ses enfants et les couve du mieux qu'elle peut.

Battant le rappel des souvenirs, me reviennent ces journées aux mille cadeaux, bercées par le soleil et les odeurs d'une nature immédiate. Je ferme les yeux et fais ma moisson d'images. Jaillissent les avocats du jardin, gros comme des pamplemousses, plantés par ma grand-mère sur le terrain familial. Des avocats que nous dégustions dans tous les plats. Dans le jardin, il suffisait de prendre la galette, cette longue perche utilisée pour faire tomber des fruits à pain souvent hors de portée. Nous les mangions en gratin, en frites, à l'eau, sous toutes les formes possibles. De la même façon, les tomates, les fruits de la passion, les carottes, les cocos, les mangues, les bananes, les cacaos nous semblaient tombés du ciel. Ma grand-mère Rose disait souvent : « Regarde, Christine, nous avons tout ce qu'il faut sous la main pour manger et ne devons jamais nous plaindre. Ce qui se gagne, Christine, ce n'est pas la nourriture, c'est la liberté et l'indépendance. »

Mon grand-père Euloge avait des poules, des oies. Nous étions fascinés avec mes frères, tous les matins, quand, enfants, nous allions chercher les œufs encore chauds dans le poulailler. Fascinés à chaque naissance de poussins. La Guadeloupe, ce sont des rivières, des cascades, des explosions d'eau au-dessus desquelles grimpe une végétation indomptée. Une nature incroyablement nourricière ensorcelle le regard. Des plages au sable noir succèdent aux rivages de sable blanc, et ce n'est pas là de la pacotille pour industries touristiques mais bien une île qui nous vient de la nuit des temps.

Les vacances, nous y faisions du camping. Quel terrain de jeux ! Notre concours préféré consistait à lancer des cailloux dans les manguiers pour attraper les fruits qui n'avaient pas été choisis par les oiseaux. Le soleil plein d'épines supplantait le ciel rayé par les averses. Nous regardions toujours vers la mer, qui semblait apaiser la violence du jour. Le soir, nous pouvions voir l'orage s'enivrer des quelques cimes et, le lendemain matin, nous écoutions l'extraordinaire discours de la nature. Quelle insouciance ! Je découvrirai ensuite au lycée, en étudiant les philosophes, que c'est là, en quelque sorte, la formidable proposition d'Épicure. Nous n'avons pas le sens du drame, ni ne sommes enclins à nous apitoyer, mais nous avons le sens du merveilleux.

Liberté surveillée

J'avais mon univers, mon décor : Lamentin, une petite bourgade située à moins d'un quart d'heure de Pointe-à-Pitre. Là où j'ai grandi entre un frère aîné, Philippe, avec qui je n'ai qu'un an d'écart, un petit frère protégé, Lucien, six ans de moins que moi, et enfin la cadette, Gladys. Nous formions une fratrie soudée.

Mon enfance, lorsque je la raconte à ma fille, Léa, se résume souvent à ces échappées belles à vélo avec mes frères et mes camarades et voisins habitant le même « logement de maîtres », une petite résidence réservée aux instituteurs et à leur famille. Enfants, nous étions si heureux de nous retrouver après l'école, dans le jardin qui longeait les différents appartements-duplex collés les uns aux autres. Nous formions une grande famille avec les voisins, avant notre déménagement sur le terrain familial quelques années plus tard. Comme j'ai aimé ces moments où nous criions de bonheur, de joie, de vie, de liberté face au vent… Lorsque nos parents, Ginette et Robert, nous surprenaient à dévaler les pentes environnantes, à faire des courses plus folles les unes que les autres, à se défier avec nos vélos qui déraillaient à tout moment et dont les petites roues ne résistaient pas aux chemins et à la rocaille. Allez savoir pourquoi je m'en souviens si bien : mon vélo était rouge. La chaîne ne tenait jamais en place, malgré sa mécanique assez robuste. Je tombais, je m'égratignais, je me relevais, jamais intimidée par une chute. Lorsque je laissais mon vélo, c'était pour grimper dans un cyprès de Provence qui se dressait fièrement dans le jardin à l'entrée de notre domicile. Souvent je m'y cachais pour y rester des heures. Indifférente au vertige, j'essayais d'en atteindre le sommet. Ma mère, me voyant régulièrement perchée ou en train d'escalader le balcon par la balustrade jusqu'au premier étage, aimait à dire que j'étais un garçon manqué. Mes parents savaient, lorsqu'ils me cherchaient pour faire mes devoirs, qu'ils n'avaient qu'à venir au pied de l'arbre, où ils m'appelaient.

Avec mes frères, nous jouions aux billes, à la marelle, à l'élastique. Mais surtout aux billes. Je cédais en revanche mon tour pour les jeux de société que mes parents insistaient à nous mettre sous le nez. Sauf le jeu de dames, où j'excellais. Nos vacances étaient en général rythmées par les rencontres familiales. Mes nombreux oncles et tantes, du côté de ma mère comme du côté de mon père, nous avaient donné des cousins que j'avais toujours hâte de retrouver.

Derrière les éclats de rire, derrière le bonheur, se cachait un esprit de rigueur. Mes parents étaient tous deux enseignants – en plus d'être instituteur, mon père était directeur d'école. L'un comme l'autre étaient particulièrement portés sur la sobriété et l'ultra-simplicité. À la maison, tout était organisé, planifié, noté pour être appliqué à la lettre. Un règlement interne auquel nous devions nous conformer sans la moindre possibilité de fantaisie ou de négociation. Une éducation stricte et contraignante dispensée avec l'espoir que nous devenions des adultes à qui la rigueur morale tiendrait lieu de guide.

Je ne devais en aucun cas porter de bijou, ni de maquillage, ni aucun accessoire qui fût d'une quelconque coquetterie. Toute frivolité était une faute. Se montrer féminine, par exemple, heurtait le premier des principes en vigueur. Ma garde-robe s'en ressentait : elle était la plus stricte possible, la plus vide possible. Les sorties – en dehors de celles que je faisais avec mes parents – étaient prohibées, vécues comme une source d'émancipation dangereuse. Je ne pouvais d'ailleurs fréquenter, et le plus souvent en leur présence, que des membres du clan familial ou parfois quelques voisins triés sur le volet. Je n'avais pas le droit d'aller à des goûters d'anniversaire chez mes camarades de classe, de participer à des excursions ou à des séjours scolaires en compagnie d'enfants de mon âge. Mes parents ont fait de leur mieux.

Un enfant se réfugie souvent dans le fatalisme comme s'il se glissait sous une tente. Aussi prenais-je ce manque de liberté comme le prix à payer pour une éducation réussie ; un prix provisoire qui me laissait surtout dans l'impatience de la vie adulte.

Bien des années plus tard, je ne crois pas avoir contrevenu aux principes parentaux qui ont régi mon enfance piaffante. Cette rigueur m'a servie, autant que mon attente de liberté. Si l'éducation et les aspirations de la jeunesse croient se tourner le dos, elles sont en réalité les deux poignées d'une même porte.

Chaque jour cependant, comme une anfractuosité dans notre géographie, je pouvais jeter un regard vers le vaste monde dont je me pensais exclue. Je vous parle là de l'avènement du « petit écran ». Si nous n'avions qu'un seul quotidien, *France Antilles*, nous n'avions surtout qu'un journal télévisé. Je nous revois chaque soir à l'heure du dîner, autour de la table familiale, figés devant la grande messe du JT, cette fenêtre quasi diocésaine sur le monde. La métaphore catholique est un peu lourde, mais le fait est que des journalistes s'invitaient chez nous et que nous les écoutions religieusement. Je les entendais prononcer des noms et des mots de la toute première importance, mais qui m'étaient jusqu'alors inconnus. Je prenais de plein fouet l'existence d'un autre monde. Du monde. Un monde en perpétuelle ébullition, certes plein de bruit et de fureur mais dont l'éloquence parfois supérieure pouvait produire des propos brillants. Un monde dépouillé des banalités, de la lenteur, où la plus grave des actualités voisinait avec le divertissement. On y parlait de Jimmy Carter, et j'apprenais par la même occasion qu'il était le trente-neuvième président des États-Unis ; de l'invasion de l'Afghanistan par les troupes soviétiques ; des jeux Olympiques d'été à Montréal et de l'éblouissant parcours de la gymnaste roumaine Nadia Comaneci ; du meurtre terrible d'un enfant de 7 ans par Patrick Henry, dans une ville qui s'appelait Troyes ; de la mort d'Elvis Presley, « le roi du rock'n'roll », à Memphis, Tennessee… J'apprenais à connaître l'existence de Dalida, de Michel Drucker ou de Joe Dassin. On y voyait trente chanteurs pour un écrivain. Dix hommes politiques pour une femme. Paris, loin d'être un continent de tout repos, semblait aussi agitée qu'incontournable. D'une manière générale, la vie urbaine était encensée. Tous ces noms, tous ces lieux, tous ces événements et tant d'autres choses encore me révélaient surtout combien j'étais isolée dans un coin perdu de l'univers, quoique paradisiaque.

Une envie au moins est née là, dans la bouillie de pixels d'un téléviseur d'antan : l'idée qu'il existait un monde auquel que je devrais impérativement me confronter.

L'autre enseignement télévisuel portait sur le langage. Ici, en Guadeloupe, on parlait le français et beaucoup plus discrètement le créole. Mon père et ma mère l'employaient parfois entre eux, dans la seule intimité. Cette langue, ils ne me l'ont jamais apprise. Je me la suis appropriée en captant leurs conversations et celles entendues dans la cour de récréation. Sur mon île, comme dans l'Hexagone, la pratique des langues régionales était mal vue. Le basque, le breton ou l'occitan, pour ne citer qu'elles, subissaient alors le même sort, dans l'administration publique comme dans les familles elles-mêmes, qui voulaient s'épargner des difficultés. Cette censure est désormais révolue. Si aujourd'hui j'en comprends mieux les origines, je n'en excuse pas pour autant les redoutables effets. Il est bien sûr utile de prioriser la même langue pour tous, le français, afin que l'État puisse se bâtir sur un dénominateur commun. La nation aussi l'exige, il n'y a pas de nation sans le sentiment d'appartenir à une même communauté linguistique. Était-il néanmoins raisonnable d'avoir si longtemps maltraité les langues dites secondaires ou régionales ? Était-ce la bonne solution ? Depuis, le créole est devenu une langue reconnue, étudiée, comprise dans sa pleine acceptation culturelle jusqu'à être revendiquée. Oui, revendiquée. Ce qui a permis d'ouvrir des portes et a facilité un meilleur échange entre les générations. Mon point de vue n'a aucune prétention à l'originalité. De toute façon, la langue ne prête guère à équivoque : derrière la langue jaillit immanquablement la force de l'identité. Si bien qu'avec la multiplication des revendications des langues régionales, et forcément des identités, a grandi symétriquement le risque de fracturer davantage la société. Les legs linguistiques peuvent pourtant s'entendre et s'additionner, à condition que l'orgueil des identités s'harmonise avec la priorité de la langue nationale.

Mon identité justement. Petite, je l'ai conçue comme un trésor, comme un secret. Je m'appliquais, inconsciemment ou non, à oublier mon « paraître » et à cultiver mon « être ».

Identité sans couleur

Les apparences poussent toujours à l'erreur. Combien de fois dans cette vie ai-je dû « justifier » mon identité ?

Née si loin de la France hexagonale, noire ou métisse selon le degré du soupçon, avec, dans ma bouche, un accent trahissant une origine – je n'ose écrire impure.

Je ris chaque fois que l'on me parle de « racines », ce mot un peu farce qui serait le certificat des certificats pour prétendre à une identité. Dans cette mémoire « vivante » qu'est mon sang d'Antillaise se trouvent des milliers d'ancêtres venus de toutes les mers. L'esclavage a brouillé tant de pistes et de filiations, modifié tant de noms.

Petite, il m'a fallu m'habituer à ce passé indéfini et à ces fameuses racines indénombrables.

Tout ce dont j'avais connaissance, c'était mon mélange congolais du côté de ma grand-mère maternelle, et indien de Madras, vietnamien et breton du côté de mon père. Il y avait toutes les couleurs de peau dans ma famille. Des oncles et tantes à la peau noire, des oncles et tantes aux yeux verts et bleus à la peau blanche. Des cousines aux yeux très bridés à la peau noire. D'autres à la peau claire et aux cheveux crépus. Une chose nous unissait : nous étions tous guadeloupéens, nous étions tous français. Être « créole » dans son île. Née assimilée. Qu'importe jusqu'où pouvaient remonter les fameuses racines affamées des origines. Qu'importent les indices ô combien inefficaces de la couleur de peau. J'étais Antillaise et donc française. J'étais inscrite *naturellement* dans le cours d'une histoire, d'une culture françaises, avec ses particularités locales. J'étais française, avec une identité refuge.

Ma mère, mon père m'ont toujours répété que nous n'étions pas des victimes. J'ai compris dès mon plus jeune âge qu'il ne fallait pas se placer dans un principe de soumission. Que je n'avais rien à envier aux autres. Mes parents étant enseignants, ils m'ont appris que l'intelligence n'a pas de couleur, et qu'il est extraordinairement réducteur de voir la société comme une superposition de dominants et de dominés.

La victimisation à outrance ne m'inspire rien de bon. D'abord, elle entraîne une confusion entre le désespoir et la vérité – car les victimes officielles coïncident mal, parfois, avec les véritables persécutés. Ensuite, je préfère l'action à la déploration, la « résistance » à ce mot de « résilience » – véritable temple élevé à la gloire populacière des victimes et sous le toit duquel il vaut mieux encaisser que réagir. Pour ma part, je crois que chacun de nous compose seul sa race. Et tout ce que je prône, c'est la conquête de soi. Cette conquête qui permet de cheminer à côté des autres sans complexe, sans plaintes et sans mensonges. Déshabillé de sa couleur de peau.

Liberté intérieure

Avant mes 9 ans, j'écrivais des poèmes dans des petits carnets quadrillés au quadruple interlignage. À l'origine, le premier de ces carnets était voué aux devoirs. Je l'avais peu à peu transformé en confident de mes émotions, de mes pensées, de mes joies et de mes peines, de mes réflexions sur les êtres qui m'entouraient. Loin des proviseurs et professeurs de toutes sortes, je m'essayais pour la première fois à la liberté d'expression. L'opinion individuelle a parfois peur d'elle-même, elle a peur des traces qu'elle va laisser, et c'est donc un peu inquiète que j'écrivais pour la première fois ce que je pouvais penser pour de vrai, et que je bondissais, l'air de rien, hors du rang des silencieux.

Mon cahier, je l'ai gardé comme un talisman. J'y retrouve, amusée, mes différentes tentatives. J'avais 9 ans et m'essayais à cette étrange confession qu'est la poésie.

Le matin à l'aube

Le matin au réveil,
Debout par le son du réveil,
Je cours à la fenêtre admirer le soleil.
Il est caché à travers les nuages roses,
Puis il sort comme un bouton de rose.

Le soleil scintille à travers les palmes du cocotier.
« C'est l'heure de manger », dit maman !
Mais le soleil était si éblouissant
Que je m'endors dans un rêve romantique
Comme si j'étais en océan Atlantique…

Les oiseaux survolaient la mer,
Le sable était scintillant,
Le gazon très vert,
La mousse des vagues, blanche.
J'étais émerveillée par la beauté de la nature,
Puis écarquillant les yeux, je vis que je rêvais.

Les mots résonnent comme si je venais de les écrire. Sartre a prétendu que « les inquiétudes de l'enfance sont métaphysiques » et Sartre n'a pas toujours tort. Ce premier poème m'avait lancée et très vite je me suis frottée à la versification avec tout le sérieux et toute l'application dont une gamine de 9 ans est capable. Je m'opiniâtrais. Ainsi suivirent des œuvres majeures d'une enfant : *L'Affreux cyclone*, *La Nuit de Noël*, *Le vent me chante*, *La Fleur*, *Les 38 ans de maman.* Un poème sur chaque élève, un poème sur chaque professeur.

Je raffolais de ces courts instants où j'avais le sentiment d'élever des statues.

Mon cahier était surtout ma liberté. Une façon de panser mes plaies, d'apaiser mes interrogations. Comme ce jour où j'ai écrit des mots pour soigner ma honte et ma colère. J'avais été frappée le matin même par mon institutrice, une femme forte, qui poussait son métier pédagogique jusqu'à l'enseignement de la violence. Elle m'avait châtiée avec un cerceau. Elle ouvrait les cerceaux de nos jeux de récréation et s'en servait ensuite comme d'une cravache pour punir les désobéissants, les indociles. Je ne devais pas l'être assez, obéissante et docile. Mes cris ont résonné le soir dans mon cahier de poésies.

Crier pour le quartier… la battre à la mort… je crois que je grandis et plus rien n'agit sur moi. Mais toutes ces souffrances physiques, qui mènent à des souffrances morales, ne s'arrêteront pas là.

Ce n'était, hélas, ni la première ni la dernière raclée.

Mon cahier est encore là, ouvert devant moi, gâté par le temps mais si précieux à l'exercice des souvenirs. À l'âge de l'écrire, je cherchais à être insignifiante et invisible de l'extérieur tout en étant dense et libre à l'intérieur.

La jeunesse peut se voir comme un préambule. À tout le moins comme une somme de présages. Cette construction d'une liberté intérieure en annonçait une autre. Plus longue à conquérir, même si d'autres et pas des moindres nous ont ouvert le chemin.

J'éprouvais en tout cas dès l'adolescence une envie inapaisable d'indépendance, une indépendance jamais loin de l'irrévérence – en d'autres termes un « caractère », si long à forger et plus encore à déchiffrer. Comme il me coûtait que ma liberté soit aux mains des adultes…

Liberté spirituelle

D'autres moments ont beaucoup compté dans ma jeunesse et notamment ceux passés au sein de la chorale de l'église. J'y chantais avec ferveur aux côtés du pasteur missionnaire américain Dany Moyer et de son épouse Joetta. La Guadeloupe était majoritairement catholique, mais le protestantisme « à l'américaine » gagnait du terrain. J'étais d'autant plus familière de cette culture protestante que j'allais de temps à autre en Pennsylvanie visiter des églises en lien avec la nôtre.

Le fait est que j'ai admis, très jeune, la place importante de la spiritualité. Oui, j'ai assez vite ressenti ce parallélisme remarquable qu'il y a entre le corps et l'âme, entre le périssable ici-bas et l'éternel que l'on se représente là-haut. Cependant, j'ai cru et crois encore que Dieu est toujours à l'écoute. Très jeune, je comptais sur Lui : quand une contrariété était trop forte, quand un doute m'envahissait, ou lorsque je trouvais ce monde excessivement conciliant avec les injustices.

Bien des années plus tard, les églises demeurent pour moi le lieu d'un besoin, celui de l'indispensable recueillement. La pureté de l'intention, la sincérité des prières y sont totales.

Mais revenons à mon enfance. Naturellement immature et terriblement réservée, je n'arrivais pas à donner de l'importance à l'avenir, je manquais d'une pensée conquérante, une pensée qui vous insuffle de la confiance et vous lance un peu plus fort dans la vie. Je sentais pourtant cette omniprésence possiblement prête à venir au secours des cœurs généreux – et le mien l'était. C'est là que j'ai développé ma foi. En cherchant Dieu, on finit évidemment par le trouver. Deux choses à ce sujet. D'abord, on ne s'appartient jamais aussi intimement qu'en se confiant à Lui. Ensuite, la croyance est une humilité : les arrogants, les vaniteux répugnent à se mettre à genoux.

Dieu étant d'abord un mystère, mon pasteur acceptait de bonne grâce de répondre à ma litanie d'interrogations. Mon souvenir reste émerveillé par ces discussions. Chaque verset de la Bible donnait lieu à des sujets de conversation, de réflexion. Chaque échange avec mon pasteur et son épouse m'offrait un vertige de sujets, de prolongements, de possibilités. Plus j'avançais dans la réflexion et plus la foi prenait une dimension monumentale – j'oserais dire : peu croyable. Avec cette ambivalence bien connue des chrétiens : sommes-nous guidés par une foi « éclairée », ou sommes-nous au contraire portés par une foi dont la nature même se passe des justifications ?

C'est avec de telles insolubles questions que la foi a renforcé ma liberté de penser. C'est au cœur de mon église, lors des cours bibliques, que j'ai été paradoxalement invitée à penser par mes propres moyens.

L'autre bonne affaire avec l'Église, c'est que l'on m'y confiait des responsabilités – quand je ne les prenais pas d'autorité. Ainsi ai-je pu, à 14 ans, diriger le groupe des jeunes, pourtant tous plus âgés que moi, en menant la chorale, en jouant au piano pour accompagner les chants, mariages ou funérailles, en élaborant des pièces de théâtre, en imaginant des costumes, en participant à des comédies musicales… Je saisissais là toutes les occasions possibles pour exprimer mes idées et mes envies. En quoi je goûtais une liberté nouvelle. Une liberté certes cantonnée à l'intérieur d'un cadre : celui de mon église. Pas question de le dépasser, même si je cherchais à en pousser les murs.

De nouveau sur le chemin de l'école, je regarde Léa.

« Ma chérie, crois-tu qu'être libre à l'intérieur d'un château, c'est être libre quand même ? Harry Potter : est-il libre dans son école de sorciers ? »

Elle n'a pas redressé la tête, plongée qu'elle était dans son livre et sa sorcellerie magique.

De la prise de conscience à l'envol

Au lycée, mes amies et moi avions pris des paris et fixé des objectifs. Nous ne voulions rien de moins que devenir professeures de mathématiques ou de sciences physiques. En Guadeloupe de même qu'en métropole, le cursus en question était présenté comme une « voie royale », mais pour ce qui me concernait, c'était bel et bien le métier d'enseignant que je visais – davantage qu'un poste d'ingénieur. Après avoir obtenu un baccalauréat mathématiques et physique, je me suis inscrite en fac de sciences. Mais au fil des mois puis des années, mes convictions s'envolaient. Je voulais évoluer autrement, à ma manière. « Disposer librement de sa vie » est le slogan de chacun, mais comment le mettre en pratique si une formation et un métier déterminent vos quarante années à venir ? Comment, dès lors, « entrer en liberté » ? Il est communément admis que nous sommes voués à naître trois fois : le jour de notre conception, le jour de l'accouchement maternel, le jour où nous faisons un choix qui engage radicalement notre vie. Cette troisième naissance étant la seule en notre pouvoir, il est déterminant de ne pas se tromper.

J'ai toujours aimé la nouveauté, l'imprévu, le changement, le défi.

Il m'était par conséquent impossible de suivre un chemin tout tracé, du diplôme à la tombe. J'y voyais une défaite, et pire : un désaveu de la vie. La « liberté » maintes fois théorisée devenait mon obsession. Pendant mes études, j'ai écumé les petits boulots de jeunesse. Le premier quand je n'avais pas encore 20 ans. Une annonce circulait à l'université. Air France cherchait des étudiants pour travailler au service de réservation par téléphone. Si nous étions 800 à passer le premier test, nous ne fûmes que 10 à l'avoir réussi et 5 à être retenus. Je signai donc mon premier contrat. Me confronter au monde du travail était une bouffée d'oxygène. Une fiche de paie. Un salaire. Évidemment, je devais concilier cet emploi avec les cours ; mais j'ai adoré passer de la théorie de l'université au concret de l'entreprise, des cours de mécanique quantique à la réservation d'une « classe éco ». J'avais à cœur de batailler sur tous les fronts, d'être la plus utile possible à toutes et à tous. J'attachais plus de prix aux efforts studieux et professionnels que je n'éprouvais de plaisir lors des week-ends ou des vacances. Je recevais parfois des bouquets de fleurs de clients me remerciant d'avoir pris soin de leur cas, parce qu'il arrivait que nous traitions de situations difficiles, de voyageurs malades, de déplacements médicalisés. D'autres bouquets arrivaient au bureau du service de réservation, livrés toujours par des inconnus qui avaient simplement apprécié ma voix « souriante », mon écoute et ma bienveillance. J'ai vite compris que bien faire son travail, avec cœur et passion, n'était pas seulement une source de bonheur pour ceux qui en profitent : c'est aussi un épanouissement personnel.

De plus en plus éprise d'indépendance, j'étais prête à mettre tout mon zèle, toute mon énergie, pour ne rien avoir à me reprocher plus tard. Être *vraiment* indépendante. Comme m'y avaient invitée les mots de ma grand-mère Rose.

J'avais 20 ans quand j'ai quitté le domicile familial après avoir décroché cet emploi à Air France. Je remplissais les avions naviguant entre Pointe-à-Pitre et Paris et il était peut-être temps que, moi aussi, je franchisse le pas. Cette compagnie aérienne m'aura finalement dégagé le ciel entre Pointe-à-Pitre et Paris.

Nouveau monde

Je venais de m'installer dans l'avion… La France…

J'étais là, toute bouillonnante, je quittais mon soleil, je quittais mon île, je partais vers cette métropole inconnue avec des vœux de conquête.

L'idée que je m'en faisais correspondrait-elle à la réalité ? J'étais certes française à bien des égards, mais jusqu'où étais-je compatible avec l'Hexagone, avec la Métropole, avec la Capitale ? À mon tour, je « montais » à Paris en emportant comme tant d'autres avant moi un paquetage d'espoirs et de craintes.

J'avais alors cette chance, si je puis dire, de ne pas avoir cru Balzac sur parole. Le Paris que j'avais en tête n'était pas ce révélateur sans pitié, cette ville-étalon de nos capacités réelles, ce gros vaisseau inquiétant qui dissipe les mirages provinciaux et remet chacun à sa place.

Je pensais aux Guadeloupéens qui avaient ouvert la voie, et notamment à Maryse Condé, cette journaliste, écrivaine, professeur qui avait valorisé le créole au-delà des frontières îliennes, dans les universités de Columbia, Los Angeles ou Berkeley. Une très grande figure de la littérature antillaise, partie à environ 16 ans poursuivre ses études à Paris. À Aimé Césaire bien sûr, le totémique Aimé Césaire, quittant la Martinique à 18 ans, pour entrer en hypokhâgne au lycée Louis-le-Grand. Combien d'ultramarins, comme des provinciaux, partaient ainsi de leur région natale pour se confronter au grand monde, à Paris, à la Ville lumière ? Guy Tirolien, ce grand poète guadeloupéen, lui aussi avait pris la direction du lycée Louis-le-Grand à l'âge de 19 ans. Lui dont on apprenait les poèmes à l'école. Tous les Guadeloupéens connaissaient par cœur la *Prière d'un petit enfant nègre.*

Seigneur je suis très fatigué.
Je suis né fatigué.
Et j'ai beaucoup marché depuis le chant du coq

Et le morne est bien haut qui mène à leur école.
[…]
Seigneur, je ne veux plus aller à leur école,
Faites, je vous en prie, que je n'y aille plus.
[…]
Qui nous parlent de choses qui ne sont point d'ici ?
Et puis elle est vraiment trop triste leur école,
Triste comme
Ces Messieurs de la ville,
Ces Messieurs comme il faut
Qui ne savent plus danser le soir au clair de lune
Qui ne savent plus marcher sur la chair de leurs pieds
Qui ne savent plus conter les contes aux veillées.
Seigneur, je ne veux plus aller à leur école !

J'allais enfin approcher tout ce dont je pensais avoir manqué enfant. Les théâtres aux façades illuminées, le métro qui cheminait sous la ville, les grands bâtiments et les institutions comme l'Assemblée nationale, le Sénat, mais aussi la tour Eiffel, l'Arc de triomphe, les Champs-Élysées. J'entendais Joe Dassin fredonner :

Aux Champs-Élysées… !
Je m'baladais sur l'avenue le cœur ouvert à l'inconnu,
J'avais envie de dire bonjour à n'importe qui…

C'était mon chanteur préféré après les Zouk Machine et Kassav', qui avaient « ambiancé » ma jeunesse. J'avais aussi en tête Jacques Brel, Dalida et Georges

Brassens. Si proches et si loin. Leurs répertoires et leurs visages étaient moins établis dans mon esprit. Quelle étrange distance, pour un insulaire, entre son pays et soi-même : la musique métropolitaine lui arrive comme atténuée.

Mon impatience à fouler les rues parisiennes n'en était pas moins grande. Une seule chose me tardait : plonger dans Paris.

Des noms vertigineux accompagnaient mon voyage. Je voulais marcher dans les mêmes rues que Victor Hugo, dont j'avais tant appris et aimé les poésies. Il était l'un des rares écrivains à avoir eu de son vivant une avenue portant son nom. Il habitait au 50 avenue d'Eylau, rebaptisée en 1881 avenue Victor-Hugo, juste à côté des Champs-Élysées. Son catafalque était placé sous l'Arc de triomphe.

Ce Victor Hugo qui accompagnait mes devoirs du soir et qui était l'un des rares poètes dont on pouvait connaître le sens des textes dès le plus jeune âge.

Demain, dès l'aube, à l'heure où blanchit la campagne,
Je partirai. Vois-tu, je sais que tu m'attends.
J'irai par la forêt, j'irai par la montagne.
Je ne puis demeurer loin de toi plus longtemps.

Je marcherai les yeux fixés sur mes pensées,
Sans rien voir au-dehors, sans entendre aucun bruit.

Un habitué de ma table de nuit. Avec *Les Misérables*, ce bloc de littérature ouvert à tous les lecteurs. On éprouve parfois une répugnance honteuse pour les monstres sacrés des bibliothèques, tant leur stature impressionne, et c'est bien dommage. En arrivant à Paris, je pensais aussi à Hugo et à son plaidoyer contre la peine de mort, lors de son irrésistible discours prononcé à l'Assemblée constituante, le 15 septembre 1848.

« [...] Oui, je veux vous précipiter dans le progrès ! Je veux brûler vos vaisseaux pour que vous ne puissiez revenir lâchement en arrière ! Législateurs, économistes, publicistes, criminalistes, je veux vous pousser par les épaules dans les nouveautés fécondes et humaines comme on jette brusquement à l'eau l'enfant auquel on veut apprendre à nager. Vous voilà en pleine humanité, j'en suis fâché, nagez, tirez-vous de là ! »

À l'arrière de mon avion, je passais sans complexe de Victor Hugo à d'autres figures littéraires – beaucoup plus contemporaines, celles-ci. J'avais la légèreté ou l'audace de mettre tout ce petit monde sur le même plan.

En bonne provinciale, je me demandais aussi si j'aurais la chance de croiser l'illustre Bernard Pivot. Quelle autre grand-messe cathodique que son émission ? « Apostrophes » accomplissait l'exploit de réunir chaque vendredi toute notre famille. L'émission, diffusée depuis janvier 1975, avait façonné mon rapport à la télévision, tout comme « Aujourd'hui Madame » d'Armand Jammot entre 1975 et 1982.

Paris, siège des télévisions, Paris, cœur de la culture, Paris, centre et épicentre…

C'était la première fois que j'y venais seule. Enfant, mes parents m'avaient fait visiter de nombreux châteaux : Versailles, Chenonceau, Vaux-le-Vicomte, Chantilly… Par un décret singulier, ma mère se montrait intransigeante sur l'histoire de France et ses musées. Elle nous tirait, mon frère et moi, pour nous faire découvrir les régions, aller au cirque, au théâtre, marcher dans les forêts. Nous avions pour cela échangé les maillots de bain des Caraïbes pour des cols roulés, acheté des manteaux, enfilé des collants. Le souvenir d'un froid mordant me faisait désormais confondre la campagne française avec la Sibérie.

D'autres souvenirs me revenaient d'un coup. J'avais été scolarisée en Seine-et-Marne pendant quatre mois lorsque j'étais en quatrième. Mes parents étaient alors en « congés bonifiés ». Quelle drôle d'expérience que de se sentir si manifestement étrangère dans une classe, dans une école ! J'étais habituée à être entourée de coreligionnaires qui me ressemblaient en Guadeloupe, et là, tout d'un coup, j'étais marquée d'une ostensible différence. J'étais celle qui parlait avec un peu d'accent, celle qui avait les cheveux crépus, qui portait des pulls de toutes les couleurs. On a tôt fait, surtout chez les enfants, de voir dans les particularités les indices trompeurs de la non-conformité, de l'incompatibilité. Et néanmoins, la fraternité l'avait emporté.

« Liberté, égalité, fraternité ». Ces principes n'étaient pas pour rien au frontispice des écoles et ce séjour en Seine-et-Marne avait finalement consolidé mon idéalisme d'après : l'idéalisme républicain.

Et puis enfin, l'avion s'est posé.

Une fois libérée du taxi et des embouteillages, ce fut la désillusion. Partout j'étais bousculée, sur les trottoirs comme plus loin dans le métro. Mais même ballottée par la nuée des épaules, je m'excusais. Personne ne me répondait. Les visages filaient à toute allure, aussi vite que la cavalerie des automobiles. Je cherchais à croiser des regards, à dire bonjour, à sourire. Pas un mot. Pas un regard en retour. Aucun piéton ne voulait se déranger de sa route : ils filaient droit, poussés par un moteur égoïste. Je découvrais la spectaculaire indifférence du peuple parisien. Je ne la comprenais pas.

« Liberté, égalité, fraternité » ?
Déjà la fraternité pâlissait.

Ma différence ou plutôt mes différences ne plaisaient pas à tout le monde. Un seul échange avec la propriétaire de mon appartement aura d'ailleurs suffi à fracasser les illusions dont je me berçais jusqu'alors. « On vous connaît, vous, les Antillais et les Africains, avec vos familles, le bruit et les va-et-vient. Nous ne voulons pas de ça ici. » Ce fut une claque. Non seulement elle semblait penser fortement ce qu'elle disait, mais en outre… Qu'avait-elle besoin de s'en ouvrir si grossièrement ? Je me suis sentie déclassée, humiliée, tandis que j'éprouvais pour elle un sourd frisson de honte. Un simple propos sur un pas-de-porte m'informait que nous vivions dans une société où la malfaisance pouvait se présenter indifféremment sous le masque des bonnes et mauvaises intentions. Cette dame ne m'avait-elle pas pourtant souri aussi largement que possible ? C'est donc l'air de rien qu'elle m'apprenait dans quelle sous-catégorie humaine elle me rangeait définitivement.

« Liberté, égalité, fraternité » ?
« L'égalité » en prenait un coup.

Des trois devises républicaines, restait vaille que vaille « la liberté ». Chacun s'entend assez spontanément avec la liberté et voit, ou croit voir, de quoi il retourne. Dès lors que l'on peut choisir entre deux ou trois choses dans un rayonnage, dès lors que l'on peut sauter dans sa voiture, crier dans la rue ou coller une affiche, on s'estime facilement pourvu des droits nécessaires.

Pour ma part, j'avais une autre idée de la liberté et avais perçu, dès le « contrat social », combien ce mot pouvait être profond et ambigu. Parce que j'avais eu cette chance de recevoir un enseignement philosophique à la fois minimal et d'une grande clarté. Lequel repose essentiellement sur des questions qui entraînent d'autres questions. « La permissivité est-elle le contraire de la liberté ? » La liberté de pensée suppose-t-elle la liberté de parole ? Agir spontanément, est-ce agir librement ? Des questions pesantes, mais où l'on mesure pour la première fois sa capacité à ne pas se perdre en route, à tenir sa réflexion par la bride, et à ne pas prendre ses rêves pour des réalités. Où l'on découvre surtout la puissance profitable de certains principes : « Le droit est l'ensemble des conditions qui permettent à la liberté de chacun de s'accorder à la liberté de tous. » Kant, Socrate, Platon, Aristote : tous ont pensé la liberté. Mais si certains l'ont éprouvée, et notamment dans ses limites, d'autres ne l'ont que conceptualisée. Moi, j'étais bien décidée à profiter d'une liberté dont le sens pratique dominait les définitions théoriques – et vous le savez bien, on ne trouve jamais autant de charme à la liberté qu'à l'âge de 20 ans.

J'avais donc emménagé dans l'Ouest parisien, dans une petite chambre que j'avais eu bien du mal à trouver. Quelques mètres carrés seulement, les toilettes sur le palier. Au sixième étage, sans ascenseur. Quatre murs. Un lavabo. Un lit de caserne. En fait de chambre, une cellule. Dans laquelle je voyais tout d'un coup les grands penseurs qui s'affrontaient de manière stérile : les uns, rousseauistes, m'assurant que l'argent était bel et bien un rempart pour la liberté, les autres me criant au contraire que l'argent, c'était de la liberté monnayée – en petites coupures. Avec tout ça, moi, je me retrouvais dans un trou et, le loyer une fois payé, je n'avais que la fenêtre pour constater la liberté bien employée des oiseaux.

« Liberté, égalité, fraternité. » Des mots en forme de désillusion. Si cette devise récapitule en quelque sorte un idéal, que raconte-t-elle en réalité ? D'où vient-elle ? Elle est à l'évidence imprégnée de notre *romantisme*, un romantisme dont nous avons oublié les origines partiellement mortifères. Une majorité d'entre nous, particulièrement les politiques et les éditorialistes, ont oublié que ces trois mots évangéliques ne viennent pas des promesses de la Révolution mais, ultérieurement, d'un certain Robespierre. Sa première formulation officielle, nous la devons à la Commune de Paris, qui lui ajouta un fort parfum de menace, sinon de dictature : « La République une et indivisible – liberté, égalité, fraternité – ou la mort ».

Il est bon de rappeler aussi qu'en 1793 une loi dite « des suspects » visait ceux « qui, soit par leur conduite, soit par leurs relations, soit par leurs propos ou leurs écrits, se sont montrés partisans de la tyrannie ou du fédéralisme et ennemis de la liberté, ceux qui [...] n'ont pas constamment manifesté leur attachement à la Révolution ». Étaient donc reconnus suspects ceux qui ne pensaient pas « comme il faut ».

J'ai été saisie par le décor prudemment enseveli de notre idéal commun. Un pan de l'histoire qui n'a pas été sans conséquence. « Liberté, égalité, fraternité » : ces trois mots, loin d'être synonymes, se sont contredits de plus en plus régulièrement jusqu'à aujourd'hui.

D'abord parce que, selon Henri Barbusse, « si la liberté et la fraternité sont des mots, l'égalité, elle, est une chose ». Ensuite et surtout parce que les « Français n'aiment point la liberté ; l'égalité seule est leur idole », pour reprendre les mots de Chateaubriand. Au fil des années, en avançant dans l'existence et dans mon futur métier de journaliste, j'allais ouvrir les yeux sur une autre évidence dont je reparlerai plus loin : l'égalité, ou plutôt l'égalitarisme, dévore dans notre pays les raisonnements politiques. Au point, me semble-t-il, que notre démocratie tend à défendre, parfois aveuglément, les désirs égalitaires au détriment de nos autres penchants pour la liberté. C'est là un vrai tabou, d'autant que toute la philosophie politique enseignée dans notre pays fait croire à une articulation miraculeuse entre ces deux principes.

Tocqueville, lui-même, soulignait un paradoxe assez cruel pour notre intelligence collective : « Les peuples démocratiques ont un goût naturel pour la liberté [...]. Mais ils ont pour l'égalité une passion ardente, insatiable, éternelle, invincible ; ils veulent l'égalité dans la liberté, et, s'ils ne peuvent l'obtenir, ils la veulent encore dans l'esclavage ! »

En France, j'allais le vérifier, ce paradoxe a pris un poids d'autant plus lourd que nous vivons aussi d'illusions. Lorsque l'économie de marché s'est imposée avec ses innombrables excès, les politiques ont promis une riposte contre les inégalités qui ne manqueraient pas d'en résulter. Cela s'entend, évidemment, même au regard de la liberté. Il faut faire en sorte que nul citoyen ne soit assez riche pour pouvoir acheter la liberté d'un autre, et que nul citoyen ne soit assez pauvre pour être contraint de vendre sa liberté.

De là remonte néanmoins un réflexe législatif qui n'est pas sans conséquence. Lorsque le législateur cherche une égalité par le droit, il y échoue partiellement, tandis qu'il ampute dans d'autres proportions une liberté que l'on pensait irréductible. Et les intellectuels ont beau avoir inventé les concepts de droits-libertés et de droits-créances, l'honnête homme, lui, ne s'y retrouvera pas.

Prenez l'exemple de la discrimination positive. Elle engendre des situations qui « euphémisent » en même temps la liberté et l'égalité. Faire entrer des étudiants de milieux défavorisés dans les grandes écoles, c'est une bonne chose. Mais comme les places sont limitées, on exclut des étudiants « favorisés », qui avaient eux aussi le niveau requis pour y accéder.

Quant à ceux qui ne jurent que par le mérite individuel, ils ne voient pas que, ce faisant, ils se font les apôtres de l'inégalité de revenus. Nous appelons de nos vœux un « État providence » qui veillerait de manière maternelle à nos difficultés… Sauf que son prix réel se refuse à nos yeux : un pouvoir étatique centralisé n'est jamais une bonne nouvelle pour la liberté, et la récente épidémie de la Covid-19 aura, je crois, illustré cet argument jusqu'à la caricature.

Revenons à mes 20 ans. J'ai enchaîné différents métiers. Je me suis tournée vers la Compagnie des wagons-lits. J'ai décroché une place d'hôtesse, et sillonné la France et la Suisse. Chaque ville desservie avait son profil de passagers. Avec le TGV Sud-Est, je découvrais Dijon, Mâcon, Lyon, Nice, Cannes, Marseille. La France qui n'était pas Paris et qui était si loin de lui ressembler. Je revois mon premier jour à Marseille, la lumière aveuglante, ses pierres blanches, la mer, la Canebière. Entre collègues, nous prenions le temps des balades et des visites ; un art de la fugue dont je garde une image jaunie – la nostalgie.

Après les villes de France, je suis partie à la découverte de celles du monde. Quatre mois à voler sur la compagnie Air Lib en tant qu'hôtesse de l'air, croyant pousser plus loin les portes de la liberté. C'est à Djeddah, en Arabie saoudite, que j'ai finalement le plus appris en matière de liberté. Nous avions toujours une réunion avant le vol. Mais celle-ci fut très différente. Avec une somme de consignes à respecter : « Ne regardez jamais un homme dans les yeux. Ne souriez pas. N'éclatez pas de rire. Laissez toujours vos collègues stewards passer devant vous. Les femmes ne montent pas les premières dans le bus et s'assoient au fond. Quand vous arrivez, interdiction de sortir de l'hôtel sans une robe cachant tout le corps. Pas de cheville qui dépasse. Pas de parfum. Pas de magazine féminin. Avant même l'atterrissage de l'appareil, videz toutes les bouteilles d'alcool. Merci de vous plier à ces interdictions qui ne sont pas de notre ressort, sinon c'est une nuée d'amendes pour la compagnie aérienne. » Lors de mon séjour sur place, une hôtesse de British Airways avait été placée sans ménagement dans une prison religieuse : ses chevilles dénudées avaient jailli des limites de sa robe. C'était ainsi. Nos façons de vivre étaient ici satanisées et les lois du commerce, toujours dociles, trouvaient à s'adapter. Ce voyage fut le plus marquant en tant qu'hôtesse. Un métier que j'ai exercé jusqu'aux États-Unis, sur l'île de la Réunion et en Grèce – sans déplaisir, mais d'un continent l'autre, je tournais en rond.

Si bien qu'après toutes ces pérégrinations, enchantements puis désillusions, le retour en Guadeloupe m'est apparu comme une nécessité.

Cependant, n'est-il pas décevant de revenir à son point de départ ? Est-il vrai que nous devons obéissance aux lois de la destinée, ce grand compas qui, toujours, nous reconduit vers nos origines ?

Liberté d'expression intellectuelle

À peine étais-je rentrée « chez nous » en vacances que mes parents me parlèrent d'une chaîne de télévision généraliste à Pointe-à-Pitre. Archipel 4 émettait depuis plusieurs mois et se voulait proposer un choix autre que l'institution RFO, aujourd'hui Guadeloupe La Première. Ils cherchaient une animatrice bilingue. Selon mes chers parents, c'était un poste « parfait » pour moi. Ils n'étaient visiblement pas les seuls à le penser puisque, vingt-quatre heures après l'envoi de mon CV, j'étais appelée pour un essai. Je fus immédiatement embauchée pour présenter une émission sur l'actualité des Caraïbes et de ses îles anglophones. À Archipel 4, où chacun avait la liberté de proposer une émission, de la produire, de la présenter, j'ai vite vu les occasions exceptionnelles de laisser libre cours à mes idées.

Au diable les entraves, les carcans. Les limites et les contraintes cédaient sous mon désir de liberté qui était par-dessus tout *une envie inapaisable d'expression.* J'avais enjambé les murs de chez mes parents, les murs de mon église, les murs de mon île, les murs de l'Hexagone en sillonnant la France, les murs du monde en voyageant. Mais, là, je pouvais enfin repousser les limites qui avaient si longtemps bridé ma liberté. Ma liberté d'expression.

Très vite, je me suis vu confier une émission supplémentaire où je devais interviewer une personnalité féminine. Je m'épanouissais au sein de programmes que je créais, du générique au contenu éditorial en passant par le décor. Je m'engageais auprès des femmes, des femmes de caractère, de pouvoir, en bâtissant de toutes pièces des émissions pour elles. Et quand elles ne pouvaient se rendre sur le plateau, je sillonnais la Guadeloupe pour aller les chercher avec ma vieille voiture complètement déglinguée. Chemin faisant, je rencontrais des écrivaines, cheffes d'entreprise, artistes : leurs parcours me passionnaient.

De reportage en reportage, je pus enfin connaître le carnaval, ce monument de mon patrimoine culturel qui m'avait été interdit par mes parents. Le « carnaval » signifiait à leurs yeux une manifestation impure de la chair, un spectacle déshonorant. Pour une jeune fille, je peux le comprendre. Je découvrais alors, à 22 ans, les musiques portées par le « ka », ce tambour de chez nous qui fait résonner ses ondes dans nos âmes. Le carnaval est un moment de formidable anarchie. Un tourbillon de sons et de couleurs, où tout le monde s'embrasse et s'enlace. C'est la fusion des filles et des garçons qui dansent en musique. Ces moments enfiévrés rythment chaque année la Guadeloupe. J'avais l'habitude d'entendre les musiques au loin, tandis que j'étais recluse à la maison. Et comme un gage fulgurant de ma liberté, grâce à mon métier, je vivais pour la première fois la fête dont j'avais été privée, je conjurais une frustration.

J'ai passé là deux années formidables et formatrices, puis encore deux autres à RFO, média de service public. Sur cette dernière chaîne, je profitais à nouveau de la possibilité de m'exprimer librement en élaborant tous les jours des reportages, en innovant avec des chroniques sur la santé et la culture, en présentant des émissions en lien avec l'Éducation nationale sur l'orientation des jeunes. Il me paraissait à l'époque essentiel de m'investir auprès de cette jeunesse. Une jeunesse un peu égarée, hésitante, entre son identité locale, guadeloupéenne, et son identité française. Une jeunesse dont le principal danger est de perdre trop de temps.

Des reportages et des émissions durant la semaine, des enregistrements d'autres émissions pendant le week-end : je travaillais sept jours sur sept. Tout le monde me demandait ce que cachait mon énergie, ce qui me poussait à me surpasser en permanence. Une énergie parfois critiquée car incomprise.

Mon investissement dans le travail était une forme de revanche contre l'adversité objective. Et puis j'éprouvais tout simplement le besoin de progresser. Le besoin de m'améliorer, de continuer à apprendre, de me sentir utile et donc vivante.

Même si j'apprenais mon métier à marche forcée sur le terrain, je n'envisageais pas l'avenir sans passer par une école de journalisme. La meilleure manière, là encore, de pousser les murs ; ceux d'un monde plus élitaire, plus intellectuel, supposément fermé à ceux qui sont nés loin de Paris. Peut-être les derniers murs à faire tomber. Sans doute les plus difficiles. Une façon de me lancer un nouveau défi, d'enfourcher le cheval des audacieux.

PARTIE 2

L'école des nouvelles libertés

L'école de journalisme

On peut être déterminé, certes, mais à condition de ne pas se tromper sur la dose. Ma volonté personnelle était de « servir », non pas sous un drapeau, mais dans les rangs d'un métier que je crois noble, courageux, indispensable. Oui, le journalisme est une de ces professions encore capables de sacrifices. Dans ses rangs figurent en effet ceux qui mettent en jeu leur propre liberté pour que d'autres puissent goûter la leur.

Ce métier consiste aussi à rendre compte, témoigner, mettre en lumière des problèmes afin que le système politique puisse ensuite trouver des solutions. C'est tout simplement être utile à l'autre, à la société. Pour cela, il faut savoir s'effacer et mettre en avant l'information. Faire preuve d'humilité face à une cause, un fait, une actualité.

Les professionnels que j'admirais n'étaient pourtant jamais passés par les bancs d'une école de journalisme mais par les seuls apprentissages de la vie. Ne prenais-je pas le risque du moule et de la normalisation ? J'ai hésité, avant de songer que la stricte formation à un métier ne pourrait toucher ni à mon idéal ni à mon caractère.

Le journalisme idéal, justement, Albert Londres l'avait personnifié. Ce grand rêveur, marginal, animé de l'obsession de vivre libre, doté d'une énergie, d'une vibration, d'une plume très au-dessus du commun. Une plume capable d'écrire : « Une valise, on dirait que c'est la liberté qu'on a dans la main. » Une plume qui ne s'illusionnait guère sur le genre humain et qui le jugeait sur pièces : « Notre métier n'est pas de faire plaisir, non plus de faire du tort. Il est de porter la plume dans la plaie. » Cette définition urgente du métier n'a pas vieilli. Aujourd'hui, chacun a tendance à développer sa propre conception du journalisme, en fonction de ce qui l'arrange. Cette vision « à la Albert Londres » a l'immense mérite de fixer un cadre hors duquel le métier s'adultère à d'autres fonctions, et se dévoie.

Né à Vichy, lui aussi était monté à Paris pour se réaliser, débarquant à l'Hôtel de l'Univers, cité Bergère, dans le 9e arrondissement, dans un petit appartement sous les toits. À croire que tous les journalistes commencent ainsi. J'avais été marquée par ses moments d'errance parisienne, tels qu'il les a lui-même rapportés, allant de rédaction en rédaction avant de devenir grand reporter. Il en avait mis, du temps, avant que son désir et son talent s'accordent aux nécessités de la presse.

Et puis vint l'occupation de la Champagne par les Allemands pendant la guerre de 14. Il travaillait alors au *Matin* et proposa à son rédacteur en chef de partir couvrir les bombardements en cours, avec un photographe. Son récit de l'agonie de la cathédrale de Reims forme un tableau inoubliable.

Elle est debout, mais pantelante. [...] Les pierres se détachent d'elle. Une maladie la désagrège. Une horrible main l'a écorchée vive. [...] Des manches d'uniformes allemands, des linges ayant étanché du sang, de gros souliers empâtés de boue, c'est tout le sol. Comment l'homme le plus catholique pourrait-il se croire dans un sanctuaire ! [...] Le canon continue de jeter sa foudre dans la ville. Les coups se déchirent plus violemment qu'au début. Que cela peut-il faire maintenant ? La cathédrale de Reims n'est plus qu'une plaie.

Tous les journalistes ou presque connaissent ce texte du 29 septembre 1914. Ceux qui s'aventurent depuis dans le grand reportage savent qu'il n'est pas le lieu de la demi-mesure et de l'économie...

Quitte à visiter ce panthéon des journalistes où je puisais mes références, évoquons aussi Joseph Kessel. L'homme de toutes les aventures, à la fois écrivain, journaliste et correspondant de guerre. Il avait rejoint la Résistance, s'était engagé dans les Forces aériennes françaises libres du général de Gaulle, avant de reprendre son activité de reporter à la Libération. Kessel, avec son nez de boxeur et ses bleus à l'âme, qui à la cause d'un homme préférait toujours celle de l'humanité.

D'autres modèles encore. Yves Courrière, biographe de Kessel justement, qui avait suivi les voyages du général de Gaulle en Afrique. Ou Jacques Paoli, qui avait lui aussi fait du grand reportage avant de présenter les informations du matin sur Europe 1.

Ce sentiment d'admiration et d'approbation professionnelles que l'on peut ressentir pour des « maîtres » est presque *objectif* ; il les place à la hauteur des modèles, et jamais il ne dérive vers l'intention vaniteuse de vouloir les égaler. Dans chaque métier, je crois, nous avons besoin de références, et celles-ci ne nous empêchent pas de chercher ensuite notre voie, notre style, en fonction de nos moyens.

En attendant de posséder mon style, j'apprenais. Je restais à ma place.

C'est ainsi que j'avais décliné certaines propositions, et notamment celle de présenter occasionnellement les journaux télévisés en Guadeloupe. Ces offres, je les avais refusées en répliquant fièrement que le métier de journaliste était sacré pour moi, que je devais me former, au risque de ne jamais me sentir véritablement légitime.

J'ai quitté pleine d'espoir toutes mes émissions en Guadeloupe et suis donc retournée sur les bancs d'école. Pour y investir dans la formation, approfondir mes connaissances, donner une base solide à ma future expérience, afin de pouvoir durer dans mon métier. C'est avec ce projet en tête que je suis arrivée à l'IUT de Bordeaux. J'ai d'emblée été accueillie avec la sentence suivante : « Les Antillais comme vous, ils ne restent pas ; ils repartent dès l'hiver parce qu'ils ont froid. »

Le principal étonnement, ou plutôt le pire, était que l'on nous apprenait à « dépersonnaliser » notre écriture, à calibrer nos papiers comme si nous les usinions. Une écriture blanche de télégraphiste semblait faire leur bonheur, une écriture de « stéréotypeurs », loin, très loin des Kessel et Londres dont les portraits avaient été depuis longtemps décrochés des couloirs. Le souffle, l'empreinte et l'âme du récit journalistique y succombaient à l'étrange urgence de nous voir écrire le plus sèchement possible. Avec eux, les journaux promettaient le minimum et surtout l'ennui. Et moi, je maudissais l'euphémisme.

J'étais entourée de camarades qui avaient des relations, à la télévision comme dans la presse. Leurs témoignages ravivaient la flamme. Le *nec plus ultra*, l'enseigne la plus courtisée, était incontestablement *Libération*. Ah, *Libération*… C'était *la* rédaction où il fallait être. Qu'importaient son militantisme toujours trop près des modes et son goût des révoltes replètes, *Libé* était une référence. Le journal avait, selon les rubriques, les meilleures plumes. *Le Monde* aussi faisait envie. C'était même la plus haute institution, la plus solide, à la veille d'une révolution dans les entreprises médiatiques que les experts ne cessaient de prophétiser en y associant le vocabulaire des catastrophes. Ces journaux me faisaient rêver ? Mes enseignants adoraient m'en fermer les portes : « Voyons, Christine… C'est pour toi inaccessible. » En dépit du peu d'espoir que l'école plaçait en moi et d'une courbe de chance à la baisse, je continuais inlassablement ma formation. Je me répétais à l'envi qu'il n'y a ni âge, ni condition, ni limite pour que je sois cette journaliste que je voulais être. « On peut toujours plus que ce que l'on croit pouvoir. » Et c'est Kessel qui l'a dit.

La réalité du terrain

Le week-end, je me rendais à Paris, à la rédaction internationale de RFO, afin de mettre en pratique ce que j'apprenais à l'école tout en y ajoutant ma touche personnelle. Une période où j'ai aussi collaboré au quotidien régional *Sud-Ouest* et à NRJ Bordeaux pour les flashs d'information. Après mon cursus à l'IUT, j'ai rejoint les antennes locales de France 3, à Tours, Rouen, Paris ou Montpellier. Du premier papier pour *Sud-Ouest*, je ne garde aucun souvenir du sujet mais ne saurais en revanche oublier mes mains gelées par l'hiver et l'impossibilité d'écrire. Après m'être battue pour décrocher mes contrats, j'arrivais dans les rédactions en faisant fi des ricanements et des « Donne donc à la petite le sujet ». J'en repartais avec la commande de reportages si millimétrés, de 1 minute 15 secondes ou même simplement de 1 minute, qu'il me fallait ensuite tourner et monter. Les 60 secondes passent très vite pour raconter une inondation, la restauration d'une église ou une manifestation. Quelle gageure dans ces conditions que de construire un propos avec une attaque, un milieu, une chute ! Sachant que vous n'êtes pas du tout assuré d'obtenir une place pour votre « sujet », lequel peut « passer à la trappe » sur la décision unanime et inattaquable du rédacteur en chef.

Je faisais donc le siège de la rédaction nationale de France 3 et, quand je ne partais pas sur le terrain, je rédigeais des brèves pour « Soir 3 ». Parfois, les reportages me confrontaient à des situations inattendues, complexes, où la jeune journaliste que j'étais pouvait perdre ses repères. Je me souviens en particulier de ce reportage sur des Roms qui venaient d'être hébergés dans un hôtel, faute de logement. Après avoir interviewé une mère de famille en situation de détresse bien réelle, j'avais vidé mes poches pour lui donner tout ce que j'avais. De quoi susciter les moqueries de mon équipe de tournage qui, elle, en avait vu d'autres : « À ce rythme-là, Christine, ton salaire va y passer ! »

C'est aussi à cet échelon régional que j'ai découvert la connivence entre les télévisions locales et les institutions, les politiques et les autres personnalités influentes. Les potentats de province ne sont pas à négliger, ils sont au cœur des jeux d'influence pour faire passer leurs messages, leurs idées, leurs intérêts, voire, plus caricaturalement, placer leur famille. En quoi les corruptions, au moins morales, ne sont pas mieux soignées « en région » qu'à Paris.

Lorsque Canal+ a lancé une chaîne dédiée à l'emploi, j'ai là encore envoyé mon CV. J'ai été engagée. Ma patronne m'avait alors aussitôt surnommée « la noiraude », sans aucune connotation raciste selon elle, car c'était là le signe d'une « réelle affection ». Je ne prenais pas tout au premier degré et faisais le tri entre les adversaires et les maladroits. Jamais je n'aurais pu avancer si je n'avais pas adopté une certaine distance. Tout le monde fumait à la rédaction. Sauf moi. Personne n'avait d'accent. J'en avais un. Tout le monde était de gauche. C'était la mode à la mode. Moi « la noiraude », je n'étais encartée nulle part, j'étais simplement journaliste. J'aurais préféré qu'on m'appelle par mon prénom, mais j'avais mon armure. Une armure qui promettait de servir longtemps. Aujourd'hui, sans aucun doute, il me serait reproché de supporter ce traitement avec une telle indifférence. Mais à l'époque, on se laissait attribuer des surnoms basés sur l'apparence physique, des surnoms qui n'épargnaient d'ailleurs personne, pas même les supposés dominants. Le fait est que l'on ne prenait pas tout ça au sérieux, les mots n'étaient pas soupesés ou questionnés comme ils le sont aujourd'hui. C'était un autre temps, où l'euphémisme un brin burlesque des mots n'avait pas envahi nos relations sociales, où l'aveugle n'était pas encore un « malvoyant » et une femme de ménage une « technicienne de surface ». Les mots chargés en moraline ont-ils amélioré le langage ? Je ne le crois pas. Pour autant, ces évolutions ont avalé les mœurs et les gens.

J'étais donc la seule Noire dans l'équipe. La seule Noire partout où ma carrière m'invitait. Ce n'est pas que je recensais les peaux colorées, mais c'est qu'il y avait toujours quelqu'un pour me faire remarquer d'une façon ou d'une autre, mais souvent avec les armes de l'ironie, que j'étais « la seule ». La seule quoi ? « Eh bien, la seule… Noire. » Cet étonnement diversement dégoûté chez les uns comme chez les autres m'étonnait à mon tour. J'ai toujours pensé qu'il fallait valoriser le genre humain, ou au moins une communauté de valeurs déterminée, au lieu de distinguer des races : ce n'est pas là un bon sentiment mais un indispensable principe de cohésion. Toute partition intellectuelle de la société en autant de races est vouée à l'affaiblir dramatiquement. S'ensuivent surtout des affrontements et des théories très éloignées de la fraternité, qui demeure le meilleur auxiliaire de la paix.

Là encore, dans cette rédaction de la chaîne Demain de Canal+, je débordais d'énergie du matin au soir. J'étais un véritable couteau suisse, l'une de ces bonnes volontés essayant d'être utile et fiable, incapable de regarder ma montre et de partir du bureau à 19 heures pétantes, de ménager mon temps et mes efforts. J'ai présenté de nombreuses émissions sur l'emploi de personnes en situation de handicap, sur la reprise d'entreprises. J'ai accompagné des grands noms de Canal+, comme Albert Algoud, dans l'élaboration de leurs émissions. Je veillais aux partenariats financiers, au parrainage des émissions de la chaîne, à la prise en charge des déplacements des équipes. J'étais totalement immergée dans mon travail.

Après avoir occupé presque tous les postes en deux ans, j'ai ressenti l'envie de découvrir ce que pouvait m'offrir une autre rédaction. Les propositions qui me parvenaient m'envoyaient toujours dans les domaines du sport ou de la musique. Allez savoir pourquoi. Poliment, je les refusais toutes. J'avais d'autres aspirations. Mon cœur ne battait que pour l'actualité, et plus particulièrement pour un traitement moderne de l'information. Mon rêve pour la suite tenait en trois lettres : LCI.

LCI

La chaîne d'information avait été lancée en juin 1994, quatorze ans après les débuts de CNN aux États-Unis. LCI a d'emblée trouvé ses marques auprès des téléspectateurs. Une chaîne de télévision entièrement dédiée à l'information où une toute jeune journaliste éprise d'actualité se devait de travailler. Avec mon obstination coutumière, je n'ai rien laissé au hasard et les ai bombardés de CV. Jean-Claude Dassier, le directeur général, a néanmoins été le seul à regarder le mien de près, avant de m'inviter à venir passer des essais. Comment oublier ce moment où il m'a reçue dans son bureau et m'a annoncé, de sa voix forte et articulée, que j'étais engagée à la présentation des JT ?

J'ai commencé cette nouvelle aventure en janvier 2000. La veille, il m'avait été impossible de trouver le sommeil. La pression était trop forte. C'était un vrai challenge. Un moment de doute, aussi. En étais-je seulement capable ? Je passais à d'autres difficultés. Dans la plus grande confusion mentale, je confondais l'accessoire et le principal. Comment me coiffer ? Les coiffeurs de LCI étaient à l'évidence déroutés par mes cheveux. Je les ai laissés faire. Comment m'habiller ? Loin de posséder la garde-robe des vedettes, j'avais opté pour un petit haut mauve acheté chez Pimkie. Comment écrire mes lancements ? Je m'étais entraînée pendant des jours et des nuits à écouter l'actualité, lire les journaux, rédiger des textes de présentation pour les comparer à ceux de France Info, de LCI ou du JT de Claire Chazal, dont je chronométrais les phrases et enviais le sens du timing.

Vint donc mon premier JT, à 11 heures, au sortir duquel je me suis fait remonter les bretelles par mon patron. « Arrête avec ta tonalité antillaise, raconte-moi une histoire, fais-moi rêver ! Vis l'actualité ! C'est un show ! Vis-la, ton actu. » Il n'avait pas fini de me couvrir de reproches que le générique de l'édition suivante démarrait déjà. L'info en continu n'attend pas. Le nez dans le guidon, mais la tête froide, je me concentrais sur mes points faibles, j'améliorais mes textes, leur intensité, réactualisais et vérifiais les informations, triais les dépêches, précisais mes accroches. Dans ce métier, on peut vite confondre la clarté et la simplicité, la simplicité et le simplisme. Autrement dit : la « vulgarisation » n'est jamais loin d'être une vulgarité de plus ; un bon journaliste de télévision doit se surveiller de manière permanente.

J'étais plongée dans une ambiance authentiquement chaleureuse. Conditionnée par mon éducation et mon expérience aux Antilles, la bonne humeur « LCI » me fut familière et rassurante. Les équipes rigolaient en permanence. Avec des « chéri » par-ci, des « chérie » par-là, des tutoiements de pure camaraderie, jamais artificiels…

Toutefois l'actualité décidait seule de l'environnement ; un attentat ou une catastrophe aérienne ont vite fait de refroidir un plateau. La discontinuité naturelle des événements, la tentation d'un emploi spectaculaire que l'on pourrait en faire, les crises de toutes sortes, les manœuvres politiciennes et la facilité des slogans : un journaliste doit toujours garder ses distances et taire son jugement sans perdre sa lucidité.

À la même époque, je travaillais aussi pour la chaîne Voyage et La Chaîne Météo, jusqu'à ce que l'on me propose un CDI scellant ma fidélité à LCI. De 2000 à 2009, je suis presque exclusivement intervenue dans la tranche matinale. Je me réveillais à 1 h 30 du matin pour arriver à 2 h 30 sur place. Discuter d'abord avec les gardiens, les femmes de ménage. Après un passage au maquillage d'une demi-heure, j'enchaînais avec trois heures d'écriture pour préparer le premier journal de 6 heures. Il y en avait un toutes les trente minutes jusqu'à 10 h 30. C'était la tranche phare de la chaîne et, pour moi, une vraie parenthèse enchantée. J'ai appris cette chose si peu naturelle qui consiste à réveiller les téléspectateurs avec le sourire en veillant toujours au fond et à la forme.

Parallèlement à mon travail à LCI, je présentais les JT du matin sur TF1, à 6 h 45. Je suis aussi devenue rédactrice en chef d'Ushuaïa TV en participant à la création d'une chaîne consacrée à la nature et à plusieurs thématiques nouvelles, dont le développement durable. C'était le temps béni de la multiplication des chaînes. Aujourd'hui, on revient à une certaine concentration des médias avec le mariage entre TF1 et M6. Personne ne l'aurait cru, à l'époque, et encore moins souhaité. J'observe modestement que le progrès n'est pas très linéaire – à moins qu'il change de définition à chaque décennie.

Qu'en était-il de ma liberté ? On m'a bien fait comprendre que j'étais libre de mes propos, certes, mais que j'incarnais aussi l'image d'une chaîne. Notre langage ne pouvait pas dévier d'une neutralité telle qu'elle ne produisait finalement aucun son, aucun sens.

Assignés à un rôle si minimal, nous n'étions jamais loin de singer la liberté que notre métier est supposé personnifier. Nous pratiquions cette « liberté de synthèse » qui prévaut aujourd'hui et qui fait les bonnes affaires de tous les marchands d'éthique...

C'est là donc que j'ai compris que le mot « liberté » n'avait pas de signification stable et intrinsèque. Il n'existe pas une liberté absolue mais seulement celle que l'on s'accorde, celle que l'on conquiert.

Dans les rédactions de l'époque, les plaisanteries grivoises étaient courantes. Certaines personnalités politiques qui se rendaient à la rédaction ne se gênaient pas, parfois, pour regarder les journalistes femmes avec un appétit très décomplexé. Certains se permettaient de vous envoyer des lettres d'amour que le style éloignait de l'intention littéraire. Tel ce député qui, quelque temps plus tard, deviendrait ministre. Il nous arrivait ainsi de découvrir, mes collègues et moi, que nous avions reçu le même mot de sa part. « Cela me ferait vraiment plaisir de vous rencontrer, j'apprécie particulièrement vos journaux télévisés. Je vous en prie, appelez-moi afin que nous puissions nous voir. » Une supplique accompagnée d'une carte de visite et d'un numéro de téléphone. Ces lettres et ces mots me faisaient rire. Ils finissaient à la poubelle, tandis que mon estime des hommes s'en trouvait inchangée. Qu'y avait-il de si grave à ce qu'une minorité d'entre eux confondent leurs pathétiques propositions et une séduction irrésistible ? J'étais amusée mais pas choquée.

En revanche, lorsque je recevais une main aux fesses, je répondais aussi sec par une gifle ou par une démission. Et cela m'est arrivé plus d'une fois. Les choses ont heureusement changé avec les années. Mais là encore, on s'efforce de ne pas vouloir le constater. Pire, un nouvel ordre moral d'une grande brutalité s'attaque aux hommes en faisant plier le droit, les faits, la vérité – et seuls de rares intellectuels et intellectuelles ont le courage de se dresser contre ces nouveaux Torquemada.

Pour ma part, je refuse que la séduction soit chassée de nos vies quotidiennes et même professionnelles au motif que certains hommes ne seraient pas, dans ce domaine, les plus habiles. Il y a, avec le mouvement #MeToo, un catéchisme, un vœu de chasteté et de pureté déplaisant. Comme le remarquait Bachelard, toute discipline connaît tôt ou tard sa phase libidinale. On ne brûlera pas en enfer pour autant.

Je me souviens encore de ce rédacteur en chef qui se moquait ouvertement de moi dans la rédaction de LCI. Il prétendait à haute voix que je ne savais pas lire. J'en étais gênée pour lui. Avec ça, il me traitait de « conne » de la manière la plus badine, sans le moindre complexe. J'ai toujours été considérée comme « spéciale » au sein des rédactions. Je n'étais pas comme les autres. Trop gentille, trop conne, trop sympa, trop « spéciale ». Pour autant, de ce chapitre LCI de ma vie, je ne veux retenir que les excellents moments au sein d'une rédaction où j'ai noué tant de relations amicales.

Si différente

Après mon troisième jour de JT, j'ai reçu un appel d'Hervé Bourges sur le téléphone fixe de la rédaction. Auparavant président-directeur général de France Télévisions, il était désormais président du Conseil supérieur de l'audiovisuel. Une autorité de régulation dont j'aurais été bien en peine, à ce moment précis, de définir les fonctions. « Je tenais à vous féliciter pour votre travail et votre présence sur LCI », m'a-t-il dit. Le coup de fil était personnel, et je m'étonnais autant que je me réjouissais du compliment venu des hautes sphères.

Tandis que je laissais à d'autres le soin de constater ou de contester mes qualités professionnelles, je me demandais dans quelle mesure ma couleur de peau pouvait influencer les jugements – à la hausse comme à la baisse.

Le fait est que de nombreux journalistes de magazines de télévision souhaitaient tout d'un coup m'interviewer. Il n'y avait aucun journaliste présentateur noir. « Envoyé spécial » était venu me filmer à la rédaction. Et une même question revenait à chaque fois : « Comment vous sentez-vous en tant que première journaliste noire à LCI ? » Ma réponse était toujours la même : « Je suis journaliste. »

Jamais les téléspectateurs ne s'avisaient de faire des remarques sur mon apparence physique et ma couleur de peau, contrairement au monde des médias qui semblait, lui, se focaliser dessus. À ce moment-là, j'ai compris le profond décalage entre les Français et les médias. Le décalage entre ce que pouvaient voir les téléspectateurs et ce qu'on voulait leur montrer à tout prix. Je me suis promis d'être toujours attentive à ne pas tomber dans ce travers. « Lorsqu'on a de profondes racines, rien ne nous ébranle », me disait ma grand-mère. J'observais, j'écoutais, je vivais ce décalage lié à mon identité colorée.

J'avais travaillé partout en France, mais c'était la première fois que je découvrais la réelle prédominance de ma couleur de peau dans les yeux de mes interlocuteurs. Une certaine partie de la société faisait de moi une Noire alors que j'avais naturellement et simplement envie d'être reconnue pour mes compétences. Par conséquent, je ne voulais pas d'un statut exceptionnel, et qu'importe si celui-ci m'eût apporté une protection plutôt que des inconvénients. J'étais journaliste. Si je méritais une place, c'était au titre de mes qualités professionnelles.

Ce que je pense de la discrimination dite positive ? Elle ajoute des inégalités aux précédentes, elle excite le repli identitaire, elle nuit de manière frontale aux libertés.

Voyez comme nous sommes : nous rêvons d'une société sans conflits, et pour cela nous créons une socialisation artificielle et excessive où la discrimination positive encourage, paradoxalement, les communautarismes. Le seul combat commun qui mérite d'être loué d'une seule haleine, c'est la lutte contre les préjugés ; or ceux qui « exigent des places » confortent les préjugés… quand ils n'en sont pas à l'origine.

Drapeau ou fardeau ?

De mon côté et en dépit de toutes mes réserves, il ne m'échappait pas que je devenais un symbole, malgré moi – mais symbole de quoi ?

Mon arrivée à l'antenne avait suscité une vague d'enthousiasme. Des Antilles, en passant par le Royaume-Uni, jusqu'en Afrique : les messages et les lettres de félicitations arrivaient de toutes parts. Tous et toutes me disaient leur bonheur d'être « représentés ». Je ne savais pas à l'époque que cela signifierait ensuite, pour certains d'entre eux, que je ne devais dorénavant faire carrière qu'à travers cette couleur de peau. Moi, une « ambassadrice », une « caution » ? Ma liberté à peine acquise s'en trouvait déjà menacée. Alors je me suis conçu un slogan : « Je ne porte ma couleur de peau ni comme un fardeau ni comme un drapeau. »

Loin de vouloir m'égarer dans une minorité de combat, je défendais ma liberté d'expression en tant que Christine Kelly. À ce jeu-là, on ne peut jamais satisfaire tout le monde. À mes yeux, rien ne vaut plus que d'être soi. Se recentrer sur son identité, ses valeurs, son sens de la liberté est vital. Voilà ce qui m'était capital et qui le reste aujourd'hui.

« Tu fais le ménage ? »

Un jour que je croisais une consœur et amie aux abords d'un plateau, celle-ci m'adressa un « trait d'humour » d'une cruauté dont je ne l'avais pas pensée capable : « Alors, Christine, tu viens faire le ménage à la maison, ce soir ? » J'en restais interdite. Avait-elle à cet instant un peu de méchanceté endormie au coin des lèvres ? Était-ce la fatigue d'une longue journée, ou bien au contraire une pique à l'attention des racistes ? Dans une situation pareille, toutes les idées vous viennent. Avec le recul, hélas, il m'est apparu que mon « amie » avait voulu me blesser.

À cette agression, j'ai opposé mon sourire. Rien que mon sourire. Je n'ai pas pris cette tête d'offensée, de giflée, qui eût été plus commode. La réaction attendue à l'attaque planifiée.

Ma blessure était-elle au moins fondée ? Est-ce qu'intimement je n'en exagérais pas les effets ? Avais-je bien fait de ne pas répondre, riposter ? Ne devais-je pas au contraire marquer le coup et me plaindre ? Une nouvelle fois, ma couleur de peau représentait un piège possible, celui de « m'assigner à résidence ».

Quoique indubitablement française, assimilée par essence et naissance, je demeurais une étrangère. Vous naissez française, vous allez à l'école française, vous grandissez avec les mœurs françaises. Et pourtant.

Mais rien n'ébranlait mon identité.

Une identité personnelle

Je reste persuadée qu'une partie de nos malheurs vient du fait que l'article 1er de notre Constitution est ignoré de la plupart des Français. Rappelons son contenu : la République « assure l'égalité devant la loi de tous les citoyens *sans distinction d'origine, de race ou de religion* ».

À première vue donc, les choses sont claires et les problèmes facilement réglés ; une fois acquise la citoyenneté française, plus rien ne nous distingue.

Mais voici qu'en dépit de la Constitution, du progrès, du temps qui passe, des intellectuels, des tribunes, des drames, etc., la couleur de peau reste en France l'indice irréfragable d'une identité.

J'étais bel et bien française, oui, mais une Française noire – une propriété honorable pour les uns, infamante pour les autres. Me libérer de cela s'avérait impossible.

Comment peut-on encore croire au XXIe siècle que l'humanité se conçoive à partir des identités raciales ? Cette passion jamais repue qui consiste à attribuer des « fiertés » ou au contraire de la « honte » à une identité catégorielle, surtout si elle est fondée sur la race, est une catastrophe pour nos sociétés.

L'identité, c'est autant un projet qu'un héritage, un devenir qu'un passé. Le nier nous fait glisser dans une république laïque qui se contentera d'abriter voire arbitrer des diversités. C'est là un revers non seulement pour la politique, mais aussi pour le genre humain.

Identité et liberté

Pourquoi la liberté forgée par les philosophes a-t-elle une portée universelle ? Parce qu'elle définit l'individu grâce à ses choix propres, sans l'assigner aux règles d'une « communauté » – ethnique, religieuse, culturelle. Or il y a une très grande différence entre les règles d'une « communauté » et celles d'une République qui tente de dire : « Oui à la liberté. Néanmoins, parce que nous sommes un très grand nombre, il nous faut lui donner des limites les plus rares et précises possibles. Non pas pour la restreindre au nom d'un groupe, mais pour lui donner des règles au nom de l'ensemble des citoyens ».

Je ne peux pas m'inscrire dans un principe de pensée uniquement par le simple fait d'être Noire. Va-t-on admettre un jour qu'il y a des Français noirs, une France noire et qu'ils sont partie intégrante de la France ? Je suis républicaine et je ne renie pas ma couleur de peau, qui est une partie à la fois superficielle et profonde de mon identité. Si cette couleur signifie quelque chose, je n'en reste pas moins une personne *signifiante* – pour parler comme Sartre que je convoque ici à nouveau. Par là nous savons qu'il vaut mieux « se faire » que de se « contenter d'être ». En quoi cette couleur de peau, indélébile et involontaire, aurait interféré avec le principe suprajuridique qu'est la liberté ?

On l'a dit, le concept philosophique de l'individualité ne vise pas la personnalité biologique, ethnique ou sociale : seul compte le fait que l'individu soit une personnalité juridique, en d'autres termes un citoyen. Qu'il fasse subsidiairement partie d'une communauté, qu'il ait telle ou telle couleur de peau, ne saurait condamner son appartenance à la République. De la même façon, toute affiliation « communautaire » ne saurait devenir pour lui un cadre social exclusif.

Or les injonctions nouvelles à une identité représentent un coût, et faire allégeance à une appartenance réduit inéluctablement sa liberté.

À propos des modèles

Le fait est que, lorsque je suis arrivée à LCI, je me suis trouvée dans la position d'un « modèle » pour un grand nombre de gens qui auront vu, dans ma présence à la télévision, comme une *réparation.*

Je trouve triste que s'installe dans ce pays tant de ressentiment : une nouvelle Église triomphante semble ne pas laisser de choix ; on est soit victime, soit coupable.

Paradoxalement, le succès des personnalités, des chanteurs, des sportifs évite à trop de gens de s'investir eux-mêmes pour gagner leurs places. Ces idoles – plus ou moins méritantes, d'ailleurs – sont une sorte de consolation qui semble trop souvent suffire aux foules. De manière inconsciente, ces réussites déculpabilisent tout le monde – et même les victimes officielles du système : vous qui n'êtes rien, sans avoir fait d'efforts, vous constatez que quelqu'un s'est détaché du lot, « qu'il y est arrivé ». Vous pouvez à votre tour vous mettre en avant vis-à-vis de ceux qui vous méprisent en leur disant : « Regardez, vous aussi, vous admirez ce champion, or sachez qu'il est des miens. Et en l'admirant, vous m'admirez un peu. »

Ces « transferts » de réussite ne sont pas mobilisateurs. On ne peut en attendre aucune énergie fondamentale.

Tout serait différent si chacun se disait : « Moi aussi, je peux. » Mais le « Moi aussi, je peux » nécessite un investissement personnel : se lever tôt, travailler, faire des efforts pour s'améliorer. Il exige de serrer les dents, de se montrer patient, pourquoi pas de prendre des risques. Il faut bien avouer que le monde consumériste d'aujourd'hui nous fait miroiter des biens matériels sans jamais évoquer les contreparties suantes. Ainsi sont-ils nombreux ceux qui voient dans ces « modèles » des images reposantes, rassurantes.

Tant que leur idole gagne, ils gagnent aussi.

Trop d'entre nous ont lié leur « fortune » à cette passivité. Il est triste de constater que certains ne tirent pas un meilleur profit de leur propre potentiel et s'arrangent inconsciemment avec les icônes opportunément démoulées par les médias.

On voit ici l'immense chantier qui attend les politiques de bonne volonté. Parce qu'il y a une autre façon de concevoir son avenir personnel, soit que l'on sait le voir, soit que l'on sait vous le montrer.

PARTIE 3

Ma liberté
ne sera pas sans expression

L'écriture, nouvelle liberté d'expression

« Cache ta joie ! » C'est ce que m'avait lancé le DRH de LCI en m'apprenant que l'on m'accordait un CDI au sein de la rédaction. Nous étions seulement quelques mois après mon arrivée, et étrangement je n'avais qu'esquissé un sourire à l'annonce de cette promotion.

« Merci beaucoup ! » m'étais-je empressée d'ajouter. Avant de demander si je pourrais continuer à travailler de temps en temps sur la chaîne Voyage et La Chaîne Météo. Je venais de rencontrer sans le savoir l'un des plus grands professionnels de ma carrière, Gérald-Brice Viret, à la chaîne Voyage. Mais ma crainte du moment était de dépendre d'une seule émission, avoir un unique employeur et me trouver à la merci d'une autorité qui pût être préjudiciable à ma liberté.

« Ma » liberté a toujours été ma seule convoitise... Toute concession, tout compromis, me plongeait dans un état d'inquiétude et de tristesse mêlées.

C'est un paradoxe de plus, mais la vie même est un paradoxe : il n'y a peut-être qu'en couple que je ne me suis jamais sentie emprisonnée. Le couple m'a toujours profité comme un temple personnel, celui des « valeurs refuges ». Je n'ai pas pour habitude de dévoiler ma vie privée. J'ouvre une parenthèse, nécessaire, que je vais aussitôt refermer. Mon mari était pour moi l'incarnation de la liberté. Toujours à rouler à moto, toujours ouvert aux autres, toujours conciliant. Nous étions dans la vie comme deux évadés. Parce que dans un couple, ce n'est pas tant la liberté qui compte que le goût de la liberté.

Bien que très occupée par mes heures d'antenne à LCI, il me fallait trouver un moyen d'expression supplémentaire. Quel meilleur raccourci vers la liberté que l'écriture ? J'en ressentais à nouveau un immense besoin. M'emparer d'un événement, le traiter, le comprendre, le faire comprendre. Ne laisser aucune chance aux mensonges, aux zones d'ombre, aux approximations : écrire un livre qui ne soit pas un tribunal, mais qui concoure à la vérité. Mon premier livre a paru en 2006 aux éditions Calmann-Lévy. Pendant deux ans, tout en travaillant à LCI, j'ai mené mon enquête sur l'affaire Flactif. La tuerie du Grand-Bornand, petite commune haut-savoyarde, où une famille entière avait été assassinée en mars 2003 dans son chalet par un voisin jaloux, David Hotyat.

Je tenais à mettre de côté l'immédiateté de l'information, à me confronter au travail long et fastidieux de l'investigation journalistique puis de l'écriture. L'histoire hors norme de l'affaire Flactif me semblait un moyen de sonder l'âme humaine et sa bassesse. Une fois sur le terrain pour y rencontrer les différents protagonistes, je découvrais la difficulté à gagner leur confiance et à obtenir des témoignages qui ne fussent ni contraints ni trop prudents. Dans le décor impressionnant de la montagne, à jamais sali par le sang des victimes, je croisais des fantômes et butais sur des rumeurs. Les rumeurs, on le sait, n'écrivent jamais de jolis rôles. La voix des enfants assassinés allait et venait comme un écho lugubre, tandis que le principal suspect me semblait être un possédé trop aigri de ne pas avoir été un possesseur.

Le jour de l'ouverture du procès des accusés devant la cour d'assises d'Annecy, tout le monde avait lu mon livre. Le président du tribunal m'avait fait remarquer que l'on n'y trouvait que des faits. Aucun jugement ni prise de position de ma part, encore moins de réquisitoire, n'y venait perturber le cours de la justice. C'est la raison pour laquelle, après une bataille judiciaire préliminaire visant à discuter de son éventuel report de parution, il fut décidé par le juge des référés du TGI de Paris que sa publication pouvait avoir lieu la veille de l'ouverture des audiences. J'avais rapidement reçu le prix du Document, qui venait encourager le travail d'enquête accompli. Un film de fiction a été tiré de mon livre, *Possessions* ; il est porté par des acteurs formidables.

Je me suis ensuite penchée sur le parcours de François Fillon, à un moment où cela n'avait pas encore été fait. Il était un personnage politique de premier plan, avant même d'être le Premier ministre du quinquennat de Nicolas Sarkozy. J'avais supplié mon patron, Jean-Claude Dassier, de m'accorder un congé sans solde d'une année pour pouvoir me consacrer entièrement à l'écriture et à l'enquête. Il n'était pas question de cumuler, cette fois, mes présentations de journaux télévisés et les rencontres sur le terrain.

J'ai finalement réussi à obtenir un congé sans solde de six mois. François Fillon… L'absence de toute information sur lui, alors que son ascension politique était indéniable, m'intriguait. Sa discrétion, sa détermination et sa réputation de sérieux l'avaient installé dans une catégorie un brin céleste où se brevettent les « hommes d'État » – ce fameux label qui pousse certains à croire à un destin élyséen. Instinctivement cependant, la figure impassible de François Fillon m'intriguait. Son enfance sarthoise, son éducation chez les Jésuites puis sa jeunesse rebelle avaient façonné cet homme pour un grand destin politique. Ainsi avait-il enchaîné des postes qui le plaçaient d'abord sous la bannière alors rassembleuse du gaullisme social, loin de son programme « thatchérien » de 2017 et de sa dureté libérale.

François Fillon, je ne l'avais encore ni rencontré ni interviewé.

Dès sa nomination à Matignon officialisée, j'ai vu mes rendez-vous avec lui ou ses proches, pourtant convenus dans le moindre détail, s'annuler les uns après les autres. Écrire un livre le concernant tournait à la véritable aventure, voire au cauchemar. Le moins que l'on puisse dire est qu'il ne raffolait pas de ma curiosité, mais il finit par accepter mes rendez-vous au bout de plusieurs mois. En dépit de l'adversité, *François Fillon, le secret et l'ambition* a pu paraître aux Éditions du Moment en 2007. Une enquête qui a remporté le prix de la Biographie politique.

Familles monoparentales

J'ai continué à avoir besoin d'aller vers les livres, vers les autres, pour mieux les comprendre et surtout les faire entendre. J'ai été contactée par le footballeur William Gallas pour écrire sa biographie, *La parole est à la défense*, sans doute le livre le plus difficile à écrire et qui m'a le plus coûté. Courir après un footballeur, tout écrire, mot après mot, page après page, pendant mes vacances et jours de repos sans jamais toucher un seul centime, reversant mes droits à une association.

J'ai ensuite voulu sensibiliser les lecteurs à propos d'un sujet douloureux qui me tenait à cœur, le cas des familles monoparentales.

Avant d'écrire mon livre enquête *Le Scandale du silence*, paru aux éditions Léo Scheer, j'avais créé en 2010 la fondation K d'urgences, sous l'égide de la Fondation de France, pour venir en aide aux parents isolés en situation difficile. Des familles dont le nombre a plus que doublé en quarante ans. Là encore, cela partait d'un engagement personnel, d'un besoin de défendre les intérêts des autres, et surtout pas les miens.

J'ai ressenti le besoin de tenter de faire bouger les lignes à travers l'engagement social. Le sujet épineux des familles monoparentales concerne une famille sur cinq en France, voire sur quatre, et une sur deux par endroits à Paris. Des familles devant faire face à la crise, à la pauvreté et au surendettement. Dans 85 % des cas, il s'agit de femmes à la fois contraintes de (re)trouver un emploi et donc un moyen de faire garder leurs enfants. Les chiffres sont éloquents : 74 % des familles monoparentales sont issues d'un divorce ou d'une séparation, 11 % du veuvage, et seules 15 % des familles ont véritablement « choisi » cette situation.

On passe souvent son temps à chercher comment aider les autres au bout du monde, en ayant tendance à négliger la souffrance humaine à portée de pas. Tant d'enfants ou de mères ou pères de famille ont besoin d'aide, que nous pouvons croiser chaque matin.

Ne pas avoir d'enfant m'offrait le temps de m'occuper de ceux des autres. La souffrance que j'ai rencontrée au fil des mois a bouleversé mon existence. Depuis ce fameux jour, au cours d'un reportage pour France 3, où j'avais vidé mes poches afin d'aider une femme aux abois, j'avais compris que je ne pouvais plus avancer dans l'existence de manière égoïste. La générosité peut nous venir de l'éducation, ou bien nous raccorder à Dieu.

Avec K d'urgences, nous avons tout mis en place pour prendre le problème à bras-le-corps. Nous avons organisé des colloques, des réunions, des tables rondes, des rencontres entre familles, des partenariats privés et publics, des chartes. Sans parler du plus grand rassemblement de familles monoparentales, soit plus de 6 500 personnes, en partenariat avec des organismes privés et aussi publics, comme Pôle emploi et la CAF. Nous avons proposé des conseils de détente pour les parents, des divertissements gratuits pour les enfants que nous emmenions au théâtre ou à des concerts.

J'ai agi et me suis agitée sans relâche, notamment en remettant un rapport sur les besoins de ces familles monoparentales à Brigitte Macron. Il a abouti à une mesure exceptionnelle : l'automatisation du versement des pensions alimentaires, par le biais de saisies sur le compte des débiteurs récalcitrants. 40 % d'entre elles, fixées par les tribunaux, restaient en souffrance. C'est sans aucun doute la mesure la plus importante jamais prise pour ces familles dans le besoin.

Je ne peux oublier chaque enfant, serré dans mes bras, qui ne voulait pas me lâcher. Chaque fillette ou chaque garçon de 2, 4 ou 8 ans qui se blottissait contre moi quand je rendais visite à leurs parents. Ces journées, ces soirées, ces moments passés avec un enfant, une mère, un père, ont changé ma vision de la famille et de la société. Mais aussi réveillé mon propre désir de maternité. Je l'avais laissé de côté depuis la perte de mes jumeaux, alors que j'étais enceinte de près de six mois. Devenir maman s'est progressivement imposé comme une envie avant de se muer en ce sentiment si profond, qui semblait mettre sa griffe à la fois sur mes cellules, mon corps et mes idées. Léa est née quelques mois avant la fin de mon mandat au CSA. J'entends encore sa première respiration. Ce souffle, si puissamment entré dans ses poumons, m'a plongé en état de lévitation perpétuelle. Grâce à Léa, je connais une existence d'une autre intensité.

Premiers pas au Conseil supérieur de l'audiovisuel

Mon arrivée au CSA en 2009 a été aussi rapide qu'inattendue. J'étais journaliste à LCI depuis neuf ans lorsque j'ai reçu un appel du cabinet du président du Sénat, Gérard Larcher. Au bout du fil, un de ses conseillers m'a demandé si j'étais intéressée par une nomination en qualité de « sage » au sein de l'autorité de régulation. Une question naturellement déstabilisante pour la journaliste que j'étais. Elle engageait un choix déterminant, et donc une réflexion pour les années à venir, car j'avais, entre autres, à rendre ma carte de presse pour le cas où j'accepterais.

J'ai cherché à confronter les avis de mes proches et amis. Tous penchaient pour que je refuse cette proposition qu'ils jugeaient comme un « enterrement de première classe » tant, selon eux, le choix de l'institution m'interdirait ensuite à vie de revenir vers l'audiovisuel. La période, de surcroît, était complexe au niveau professionnel. J'étais en discussion avec M6 pour présenter le journal télévisé de la chaîne. Un journal qui s'apprêtait à être incarné pour la première fois de son histoire par un visage, et non plus seulement par une voix. C'était là, à l'évidence, un moment de bifurcation dans ma carrière. Le lendemain du premier appel du conseiller du président du Sénat, un autre a suivi. Je devais trancher.

Un rendez-vous avec Gérard Larcher fut organisé. L'homme était conforme à l'idée que je m'en faisais : souriant, patelin, il m'a mise aussitôt à l'aise. Je sentais qu'il prenait sa fonction au sérieux, sans toutefois se prendre pour l'un de ces bustes en bronze dont raffolent les palais républicains. Lorsque je lui ai demandé pourquoi j'avais été retenue, il ne m'a pas parlé de mon apparence physique ni de ma couleur de peau, mais seulement de mon crédit professionnel. Il m'a expliqué qu'il cherchait quelqu'un de travailleur, de respectueux, d'efficace, avant d'énumérer tous les prix que j'avais reçus pour mon travail de journaliste en France comme au Royaume-Uni.

J'ai donc accepté de relever le défi, non sans m'assurer que je demeurerais suffisamment libre dans mes actions. Une inquiétude vite dissipée dans la mesure où, précisément, l'on exigeait de moi la plus grande liberté. Ici, il n'y avait pas de patron à qui rendre des comptes. On me demandait de ne juger les dossiers que par moi-même, de ne décider qu'avec mon expérience et mon discernement, en donnant une impulsion non politisée mais « politique », dans le sens noble du terme, à mes décisions. J'avais été nommée sur proposition du président du Sénat validée par décret par le président de la République, Nicolas Sarkozy. Avec un seul mot d'ordre : « Soyez indépendante et décidez. » En 2009, j'étais la plus jeune membre du CSA et aussi la première issue de l'outre-mer. « J'espère être à la hauteur de la mission qui m'a été confiée », ai-je déclaré de manière sacerdotale devant les conseillers du CSA, le jour de ma première réunion plénière.

Au long de mes six années de mandat, toutes plus passionnantes les unes que les autres, mes missions ont porté sur des sujets très variés. Leur point commun : la bonne application de la loi relative à la liberté de communication du 30 septembre 1986. Autrement dit le cadre juridique auquel doivent se conformer les 200 chaînes de télévision et 900 radios françaises. Après avoir fait de la radio, de la production, de l'animation, du reportage sur le terrain, de la présentation de journaux télévisés, de la rédaction en chef, je découvrais ce qu'était réellement l'audiovisuel et ses grands enjeux. Je prenais la mesure de nos particularités françaises, de leurs avantages, de leurs faiblesses.

J'ai pris la présidence de plusieurs groupes de travail dont le périmètre faisait écho à mes préoccupations et à mes engagements personnels. Entre lesquels des thèmes importants comme « Pluralisme et campagnes électorales », « Publicité et protection des consommateurs », « Santé et développement durable », « Sport », « Accessibilité aux personnes handicapées », « Jeunesse et protection des mineurs », « Télévisions nationales publiques » ou « Production audiovisuelle ».

Mon premier dossier illustrait assez bien la variété des questions posées à l'Autorité : la lutte contre l'obésité. Ce que la télévision avait à y voir ? Tout simplement la publicité abondante concernant les produits trop gras, trop sucrés ou trop salés. D'aucuns préconisaient son interdiction pure et simple. Une décision aux conséquences économiques considérables. Nous étions, rappelons-le, en pleine crise financière – et celle de 2008 a beaucoup coûté à la France. Dans le domaine de l'audiovisuel, en cas de suppression de ces publicités pour les produits trop gras, trop sucrés, trop salés, une chaîne comme TF1 aurait enregistré une chute de 23 % de ses revenus publicitaires. Elle aurait eu pour conséquence une baisse de la contribution au cinéma français, une baisse du financement du football amateur français, une baisse de la qualité des programmes. De tels effets systémiques liés à la publicité étaient peu commentés, car en règle générale on préfère s'attarder sur les « bons côtés de la cause ». À mon arrivée au CSA, j'ai été tout de suite frappée par la volonté de certains politiques de stigmatiser les chaînes privées sans regarder la réalité de leur contribution à la création française. Quelle solution, donc, pouvait-on proposer à ces parlementaires qui tenaient à supprimer une partie substantielle des revenus des chaînes privées ? Celles-ci n'ayant que ces ressources pour se financer ordinairement, à la différence de l'audiovisuel public, qui bénéficie quant à lui de l'argent récolté grâce à la redevance[1].

Fidèle à mes habitudes, j'ai préféré me rendre sur le terrain pour mieux saisir la réalité du problème. Ainsi ai-je rencontré le chef de service d'un hôpital parisien spécialisé dans le problème du surpoids. Il m'a fait visiter ses locaux, m'a expliqué avec pédagogie son travail au quotidien. J'ai retenu ce jour-là qu'une dizaine de causes au moins entraînaient des dérèglements alimentaires, et que nous devions agir sur chacune d'entre elles pendant dix ans pour envisager d'obtenir les premiers résultats. De quoi fonder une réponse appropriée : une charte de lutte contre l'obésité unique au monde, que j'ai été fière de porter jusqu'à son aboutissement. Signée en février 2009, elle visait à promouvoir une alimentation et une activité physique dans les programmes et les publicités diffusés à la télévision. Une étude TNS Sofres a ensuite rapporté que, pour sept personnes sur dix, elle avait eu un impact certain sur les comportements alimentaires.

De même que la majorité des actions politiques demeure étrangement inapparente, le CSA s'attaque à des dossiers importants et néanmoins invisibles aux yeux du grand public. Si je ne retiens que les chantiers où je me suis investie, me reviennent la baisse du

1. La contribution à l'audiovisuel public payée par toute personne dont le domicile est équipé d'un téléviseur ou d'un dispositif assimilé.

volume sonore de la publicité, une première mondiale, la mise en place du sous-titrage quasi systématique des programmes, une première en France[2], l'autorisation de la citation des Facebook et Twitter dans les médias, qui étaient jusqu'alors considérés comme des marques, ou encore l'encadrement du « placement de produit » dans les fictions. J'ai aussi créé la Journée internationale du sport féminin dans les médias pour promouvoir la pratique sportive des femmes et l'ancrer enfin dans le paysage médiatique. Je m'étais gagné auprès de mes collègues le surnom de « Miss Charte », car j'arrivais toujours à en faire signer une par les télévisions et les radios dans le but de les encourager à avancer dans le bon sens. Avec mon sempiternel mot d'ordre, quitte à être à contre-courant de la ligne générale de l'institution : « convaincre plutôt que contraindre », comme je le répétais dès 2009 lors de chaque interview.

Temps de parole

L'une de mes missions les plus sensibles au CSA consista à suivre la gestion des temps de parole lors de l'élection présidentielle et des élections législatives

2. Toutes les chaînes réalisant plus de 2,5 % d'audience doivent sous-titrer 100 % de leurs programmes. Avant cette loi, 6 millions de personnes sourdes et malentendantes étaient privées de télévision.

de 2012. Ce que j'ai fait avec l'objectif de moderniser les pratiques. Pour la première fois de l'histoire de l'institution, j'ai organisé des rencontres avec tous les représentants des partis politiques avant chaque élection – cela dans un souci de transparence. Il me paraissait en effet anormal que les partis politiques eux-mêmes méconnaissent les règles les concernant. Cela a constitué une petite révolution. J'ai interpellé mes collègues conseillers : « Vous voulez que les hommes et les femmes politiques respectent le temps de parole ? Faites-les venir au CSA pour qu'on leur explique la marche à suivre. » L'un après l'autre – de Marine Le Pen à l'équipe de François Hollande, en passant par celle de François Bayrou –, tous, connus ou non, ont débarqué dans mon bureau pour que je leur détaille le fonctionnement des règles du temps de parole. Mon idée était certes de faire de la pédagogie « technique », mais aussi de désamorcer les malentendus, de rendre plus compréhensibles et moins suspectes les règles de l'environnement médiatique appliquées à la vie politique. Peu savaient que les chaînes diffusaient parfois la nuit des programmes afin de rattraper le temps de parole, ce que nous tolérions officiellement au CSA au regard de la complexité du système de décompte. François Asselineau, considéré comme un « petit candidat », réclamait de pouvoir passer au journal télévisé de 20 heures. Je lui répondais que les médias devaient refléter sa campagne, et non faire sa campagne à sa place. Jean-Marc Governatori ou Jean

Lassalle pouvaient débarquer à tout moment dans mon bureau pour obtenir des explications qu'ils réclamaient à grand cri. Cela tombait bien : j'y étais présente sept jours sur sept, jusqu'à quinze heures par jour, pendant un an, afin de bien préparer la présidentielle. Cette campagne de 2012 est la première qui n'a pas engendré de contentieux entre les candidats et le CSA. On l'aura compris : ce ne fut pas sans effort.

Toujours en 2012, des hommes politiques sont venus me demander de décompter le temps de parole de l'éditorialiste Éric Brunet. Celui-ci venait de publier un livre chez Albin Michel, *Pourquoi Sarko va gagner*, qui lui avait valu d'être aussitôt identifié comme une personnalité de droite sur l'échiquier politique. « Mais que fait le CSA ? » se demandait-on dans le camp de la mauvaise foi. J'ai bien sûr refusé catégoriquement d'accéder à ces demandes. À les suivre, le CSA aurait dû se saisir du cas des éditorialistes d'une certaine sensibilité… On était là en pleine confusion, à moins bien sûr que cette confusion fût entretenue à dessein.

Au CSA, j'ai appris que « la liberté d'expression est non seulement garantie pour les “informations” ou “idées” accueillies avec faveur ou considérées comme inoffensives ou indifférentes, mais aussi pour celles qui heurtent, choquent ou inquiètent l'État ou une fraction quelconque de la population » (cf. arrêt Handyside c. Royaume-Uni du 7 décembre 1976, & 49). Dans une démocratie, il faut admettre que les pensées les plus variées puissent être citées – ou alors ce n'est pas une démocratie. En effet, une démocratie laisse entendre des opinions et des idées qui peuvent être exécrables. Non pas pour les pousser vers le triomphe, mais pour faire en sorte que chacun, en écoutant leur contenu, puisse conclure de lui-même qu'elles sont détestables, voire dangereuses. On ne doit pas penser pour les autres, c'est à eux de le faire. C'est une insulte faite au peuple, c'est une offense à l'esprit démocratique que de choisir les idées supposément dignes d'être formulées.

Après la présidentielle de 2012, j'ai rédigé pour le CSA un rapport sur le temps de parole des candidats à l'élection. Un rapport remis au Conseil d'État et au Conseil constitutionnel pour dénoncer le fait que les temps de parole étaient exagérément régulés ; une telle méthode aboutissait à un résultat inverse au but recherché. La France est un des rares pays au monde à avoir retenu ce système de décompte à la seconde près, puisque seule la Roumanie nous a imités dans cette voie. Je m'étais par exemple étonnée d'une situation étrange au moment démocratique le plus important : les débats entre les candidats étaient limités dans les médias quinze jours avant le premier tour de la présidentielle. Pourquoi ? Le décompte du temps de parole devenait alors ingérable pour les rédactions. Impossible de donner autant la parole à un « petit candidat » qu'à un « grand ». Le système en était arrivé à brider la démocratie au lieu de la favoriser.

L'audiovisuel est l'un des secteurs français les plus régulés, et donc étouffe sous une maille législative de plus en plus épaisse. La liberté, la démocratie en sont gênées et parfois empêchées. Ne nous étonnons pas qu'avec de telles contraintes nous soyons si peu compétitifs au niveau international, notamment lorsqu'il s'agit d'exporter nos programmes. Je n'oublierai pas ce jour où a été soumis au Parlement un texte visant à réduire le volume sonore de la publicité par rapport à celui des programmes. Alors qu'un autre texte, identique dans sa cause et ses effets, avait déjà été voté. Les professeurs de droit parlent souvent d'une « dégénérescence de la technique législative » et l'on ne saurait les trouver pessimistes.

Particularités françaises

Dès mes débuts au CSA, j'ai compris la force et la justesse du modèle médiatique français. Le pluralisme absolu des courants de pensée et d'opinion pouvait s'entendre et se voir dans les différentes catégories de chaînes de télévision et de radios. Nous disposons de chaînes musicales, généralistes, dédiées aux enfants, de chaînes de documentaires, de cinéma, de fictions, d'information.

Mais nous sommes le seul pays au monde à proposer autant de chaînes d'information télévisées. Rappelons que l'information est le programme qui coûte le plus cher dans les médias.

J'ai eu l'occasion de découvrir non seulement le fonctionnement médiatique français, mais aussi celui des autres pays du monde. Je me suis souvent rendue à l'étranger – en Italie, au Royaume-Uni, au Canada ou aux États-Unis – pour comprendre comment y était géré l'audiovisuel. Comment les pays les plus proches de nous appliquaient les directives européennes. J'ai cherché ce qui pouvait être applicable et bénéfique en France, ce qui serait ou non susceptible d'être accepté par les Français.

Aux États-Unis, on le sait, tout est très différent, disons plus libéral, et régi par la loi du marché. La Commission fédérale des communications, la FCC, l'équivalent américain du CSA, a beaucoup moins de pouvoir parce que les chaînes y sont libres de décider de ne recevoir que des « invités » de gauche ou de droite, contrairement à la France. De même y démontre-t-on une conception très mobile de la vérité, une grande tolérance vis-à-vis des propos outranciers et calomnieux. Le chiffre domine la lettre, et, au nom du chiffre, celui de l'audimat comme celui des rentrées publicitaires ; toutes les vulgarités sont non seulement permises mais surtout encouragées ; l'Amérique est le pays du chiffre idéalisé, au pied duquel on se presse et se prosterne. Les campagnes politiques américaines forment ainsi un spectacle où tous les coups sont admis face à son adversaire politique, qui sera idéalement humilié.

C'est en examinant ces modèles étrangers que j'ai apprécié l'efficacité du cadre français tout en en pointant les limites. L'une des missions du CSA visait par exemple à ce que la société française fût représentée dans les médias *dans toute sa diversité.* Une gageure ? Le fait est que certaines minorités manipulent le bien commun, sur le modèle américain, pour mieux faire avancer leurs intérêts. Or plus nous allons dans le sens de la visibilité de ces minorités, plus nous risquons de faire la promotion des divisions françaises au bout du bout. Les offensés autodéclarés produisent à leur tour de l'offense, au détriment des solidarités historiques. C'est là un terrible constat. En outre, certaines minorités moins agissantes continuent de ne pas être représentées. Ou comment un certain « sentimentalisme » des intentions politiques a conduit peu à peu, non pas à la cohésion souhaitée, mais à la désunion tant redoutée.

Je vais revenir sur cette évolution un peu plus loin. Mais il est intéressant d'établir un parallèle entre la valorisation des diversités et l'évolution de l'offre médiatique. Bien après l'ORTF, nous avons connu une longue période proposant autant de chaînes de télévision ou de radios qu'il y avait de passions : le sport, la musique, l'histoire, les voyages, l'information, la découverte... Nous constatons aujourd'hui une certaine inversion, un repli.

L'exemple phare étant le rapprochement de TFI et de M6. L'éclatement de la télévision pour représenter les particularités des uns et des autres se solde par un regroupement, une unité, un bloc médiatique fort.

Mais que fait le CSA ?

En général, ceux qui posent cette question n'attendent pas de réponse, ils cherchent simplement à obliger l'institution à se positionner selon leur point de vue. Il y a tant d'exemples.

Je me souviens de cette fois où nous avions reçu une vague de plaintes après la diffusion d'une publicité du Crédit mutuel où un père expliquait à son fils que le Père Noël n'existait pas. Ces lettres nous intimaient d'interdire ce « spot » au motif qu'il heurtait les enfants encore en âge de croire au Père Noël. À les entendre, les progénitures étaient choquées, en larmes, et il revenait au CSA de jouer le rôle éducatif dévolu aux parents. Apparemment, ils n'étaient pas en mesure de faire comprendre à leurs enfants qu'il s'agissait là d'une publicité et non d'une information au JT de 20 heures. Dans cette époque ensucrée et éventuellement mièvre, on a le goût paradoxal de la censure ; en l'espèce, le public « exigeait » du CSA qu'il pratiquât une bonne vieille censure afin d'épargner aux parents un effort d'éducation. « Mais que fait le CSA ? » Il devait manifestement interdire.

« De cette légifération galopante, de cette peste justicière qui investit à toute allure l'époque, comment se fait-il que personne ne s'effare ? Comment se fait-il que nul ne s'inquiète de ce désir de loi qui monte sans cesse ? Ah ! La Loi ! La marche implacable de nos sociétés au pas de Loi ! » Le philosophe et romancier Philippe Muray disait si juste.

J'ai bien entendu proposé aux membres du Conseil, ce qu'ils ont accepté, de ne pas intervenir. Ma conviction, qui n'a pas changé depuis, est qu'il faut rendre service au téléspectateur. Lui rappeler les évidences, à savoir son pouvoir de réflexion et, surtout, sa liberté de saisir sa télécommande. En voulant le protéger de tout, il devient manifestement impossible au téléspectateur de développer un esprit critique. Constatant l'impopularité de son message, le Crédit mutuel s'est lui-même convaincu de ne plus diffuser son spot. J'ai beaucoup appris, ce jour-là, de l'infantilisation rampante et de ses conséquences.

CSA et liberté d'expression

« Si on suivait au pied de la lettre l'ensemble des saisines qui nous sont adressées, il n'y aurait plus de télévision ni de radio dans ce pays. Notre mission première, c'est de défendre la liberté d'expression », a déclaré l'actuel président du CSA en décembre 2021.

Il est bon de rappeler que le CSA est une autorité administrative publique indépendante : elle agit au nom de l'État sans pour autant être soumise à l'autorité du gouvernement. Sa première mission est de préserver et de réguler au quotidien la liberté d'expression.

La liberté d'expression n'est pas une liberté absolue et l'incitation à la discrimination ou à la violence, par exemple, ne peut être considérée comme l'exercice légitime de ce droit. Il sera intéressant de constater la facilité avec laquelle on invoque les mots « haine » ou « discrimination » pour étiqueter, décider, juger, avant même l'intervention des tribunaux, de ce qui relève ou pas de cette liberté et de son champ d'application.

Voici comment le CSA définit la liberté d'expression : « La liberté d'expression, c'est-à-dire le droit d'exprimer librement ses opinions, fait partie des libertés fondamentales, piliers de notre démocratie. Sa garantie et son respect favorisent l'émergence d'une société ouverte, tolérante et respectueuse de l'État de droit. Un droit fondamental et garanti à l'échelle européenne. [...] En France, c'est l'article 11 de la Déclaration des droits de l'homme et du citoyen du 24 août 1789 qui a conféré une existence juridique à la liberté d'expression : "La libre communication des pensées et des opinions est un des droits les plus précieux de l'Homme : tout Citoyen peut donc parler, écrire, imprimer librement, sauf à répondre de l'abus de cette liberté, dans les cas déterminés par la Loi. [...] Sans liberté d'expression, il ne peut donc pas y avoir de démocratie. Elle est indispensable à la stabilité de la société puisqu'elle participe à la libre circulation des idées." La jurisprudence de la Cour européenne confère à la presse un statut particulier dans l'exercice des libertés. Selon la Cour européenne : "La presse joue un rôle essentiel dans le bon fonctionnement d'une démocratie." »

Des mots creux ? À une époque où les attaques répétées à l'endroit des journalistes semblent être la dernière mode des rebelles les plus influençables et les plus bêlants, on s'aperçoit au contraire combien les médias et donc leur autorité de régulation peuvent jouer un rôle décisif, contre l'épidémie de crédulité collective d'une part, pour la véritable liberté d'expression d'autre part.

Évolution de l'audiovisuel

En France, l'évolution des opinions publiques en l'espace de vingt ans a été spectaculaire ; elle s'est faite au même rythme, finalement, que le bouleversement de l'audiovisuel. Qu'il semble loin, n'est-ce pas, le temps du monopole d'État sur la télévision… Avant l'éclosion des radios libres, l'apparition des chaînes du câble et du satellite, la naissance de Canal+ puis la privatisation de TF1. Les chaînes de la TNT et le numérique sont ensuite venus bousculer le rapport aux médias, à l'information et au divertissement. Et lorsque les grandes plateformes de vidéos par abonnement sont entrées dans la course, c'est une nouvelle révolution des usages à laquelle nous avons assisté.

Si posséder un téléviseur fut un luxe à une certaine époque, il est aujourd'hui un objet quelconque parmi la pléthore de dispositifs. Chaque foyer compte en moyenne six écrans permettant un nouveau mode de consommation des contenus audiovisuels modernes. Alors que l'on avait prophétisé la disparition de la « consommation » de la télévision au profit des formats nés d'Internet, celle-ci continue d'occuper une place incontournable. Elle a même été confortée pendant le confinement, justement grâce à la multiplicité des écrans. Selon le SNPTV, le Syndicat national de la publicité télévisée, les Français passent en moyenne trois heures et cinquante-huit minutes par jour à regarder la télévision, soit quarante-cinq minutes de plus qu'en 2000.

La télévision continue ainsi à fédérer les familles lors des moments forts d'information ou des événements en direct. Le moment le plus rassembleur se situe en général après 21 heures. Le « pic minute » de l'année 2020 a été enregistré à 21 h 27, avec 25 millions de personnes présentes devant leur écran. Malgré une certaine défiance vis-à-vis des médias, 44 millions de Français regardent la télévision chaque jour, soit 76,8 % de la population, tandis que 46 % des Français privilégient la télévision pour s'informer et suivre l'actualité.

L'essor des chaînes d'information a bouleversé la société et notre rapport quotidien à l'actualité. Avant, ces chaînes étaient regardées en moyenne pendant sept minutes par jour. On les regarde désormais du matin au soir. Elles touchent 28,9 % de la population, soit 16,7 millions de téléspectateurs. On sait que les chaînes d'info peuvent influencer le jugement du téléspectateur. D'où l'importance de fournir un contenu qui ne soit pas présélectionné ou trié selon des critères choisis par la postmodernité et ses passions morales. On ne peut que recommander la lecture de *Sauvons le débat, Osons la nuance*, de Didier Pourquery. Lequel écrit fort justement : « Le journalisme moderne est pour moi un journalisme modeste, qui sait faire son travail de dévoilement, de questionnement et de partage, à sa place, souvent dans l'ombre, sans idéologie ni pédantisme. Le journaliste n'est pas là pour donner des leçons, mais pour transmettre des informations éclairantes et utiles. »

Le jour de mon départ du CSA, les mots élogieux de son président ont compensé bien des difficultés auxquelles j'avais été confrontée pour maintenir l'équilibre dans les médias. Un témoignage de reconnaissance auquel j'ai répondu : « Si j'ai perdu ma liberté de parole en tant que journaliste, j'ai gagné au CSA ma liberté d'agir. On a souvent l'ambition d'être quelqu'un. J'ai eu l'ambition de faire quelque chose. »

PARTIE 4

L'heure du combat

Toujours la liberté

Après la fin de mon mandat, se sont ensuivies trois années où il me fut interdit de travailler dans les médias au titre d'un éventuel conflit d'intérêts. Mais là encore, je suis restée très active, tout en continuant de mener mon combat pour venir en aide aux familles monoparentales, j'ai été invitée à rejoindre plusieurs conseils d'administration. Celui du CREPS Île-de-France, le centre de ressources, d'expertise et de performance sportive, un établissement public local de formation, dédié aux sportifs de haut niveau, qui se souvenait positivement de mon suivi des dossiers du secteur sportif au CSA. Parallèlement, j'ai été appelée à intégrer la gouvernance de la Commission nationale française pour l'Unesco, de la Fondation Engie, de la Fondation Nestlé consacrée au comportement alimentaire dans la foulée de mon travail sur la lutte contre l'obésité.

Je siège également au conseil d'administration de la fondation du groupe Newen, qui soutient et accompagne les talents de demain dans les activités audiovisuelles, et à celui du Press Club de France, l'association de journalistes ouverte à celles et ceux qui ont la passion de l'information et de la communication. J'ai également accepté d'être membre du groupe PFDM, Pour les femmes dans les médias, ou encore de participer au jury des Lauriers de l'audiovisuel.

Une hyperactivité et un travail de fond auxquels je tiens.

Chez chacun d'entre nous la vie court après une forme idéale, et si la mienne poursuit tant de buts à la fois, c'est d'abord qu'elle se refuse aux routines comme à l'immobilisme.

Autres temps, autres libertés d'expression

Mes trois années d'« interdiction » terminées, je suis revenue à la télévision, sur C8 et CNews. Ce que j'ai constaté, après ce jeûne médiatique, c'était un recul évident des libertés. Ma première alerte, si je puis dire, remontait à 2009 et à la fameuse disparition de la pipe de

Monsieur Hulot – la créature terriblement humaine de Jacques Tati. Comme chacun ou presque s'en souvient, le P-DG de Métrobus, la régie publicitaire de la RATP, avait alors créé la polémique en censurant la pipe des *Vacances de Monsieur Hulot* sur une affiche d'exposition consacrée à Jacques Tati, puisque, d'après ce « grand dirigeant », « toute forme d'incitation à la consommation de tabac est interdite. La loi est comme ça, je n'y peux rien ».

Des députés, de droite comme de gauche, s'étaient heureusement mobilisés face à l'absurdité de la situation et avaient réussi à voter un texte en 2011 afin d'exclure le patrimoine culturel d'une application trop littérale de la loi Évin. Le député de gauche Didier Mathus avait expliqué que, si l'intention de cette loi était bien « légitime », elle avait été interprétée en l'espèce de « manière [trop] extensive » et que les œuvres culturelles avaient été injustement « remises en cause ».

Cet événement avait attiré mon attention – ou plutôt m'avait inquiétée. Heureusement, des parlementaires de tous bords s'étaient saisis du sujet pour protéger notre patrimoine et la loi précitée avait pu être adoptée à la quasi-unanimité. Plus de dix ans ont passé. On peut craindre qu'un texte de cette nature reçoive aujourd'hui un assentiment nettement plus nuancé… Au fond, de quoi cet épisode fumeux était-il le nom ? Sachant que ce n'était pas la première fois qu'une figure culturelle (pour faire simple) se voyait privé de sa « tige » préférée. En 1996, un timbre représentant l'écrivain André Malraux cigarette à la bouche avait été retouché par la Poste, et, en 2005, c'était au tour du philosophe Jean-Paul Sartre d'être privé de sa clope lors d'une exposition à la Bibliothèque nationale de France. Ce qu'ont subi Monsieur Hulot et les autres, au nom d'une cause sanitaire ? Les foudres d'un nouvel ordre moral.

Philippe Muray, encore lui, avait prophétisé, dès le début des années 1990, que nous serions bientôt atteints d'un « bien incurable »… au nom duquel les interdits se multiplieraient à l'envi.

Le fait est que les exemples du recul des libertés sont légion et que leur nombre s'accélère de façon exponentielle. Que ce soit à l'université, dans le monde du spectacle, au cinéma, à la télévision ou à la radio. À qui la faute ? À la peur de la controverse, du dérapage, à l'infantilisation, la victimisation ? La prédominance d'un consensus mou qui craint les débats et les échanges *vraiment* contradictoires ? Un manque de réflexion, de patience, de culture politique et historique de notre société ? Serait-ce l'émergence tant louée de nouvelles idées, de nouveaux dogmes ? Ces nouvelles idées, il importe de savoir qu'elles ne sont pas si neuves, et, surtout, à quel prix réel on les achète. Car le résultat est là. Le ressac de la liberté d'expression, du franc-parler, l'anéantissement d'une réflexion en profondeur et d'une insolence parfois salutaire sont désormais les caractéristiques de nos sociétés occidentales.

Citons quelques exemples et observons les forces en place. Qui agit et de quelle manière.

En octobre 2019, la participation de la philosophe Sylviane Agacinski (épouse de Lionel Jospin, ancien Premier ministre socialiste) à une conférence-débat à l'université de Bordeaux-Montaigne sur le thème « L'être humain à l'époque de sa reproductibilité technique » a été annulée. La philosophe étant opposée à la PMA, l'université avait préféré parer tout débordement de collectifs d'étudiants particulièrement « virulents » envers sa position qu'ils estimaient homophobe. Un danger menace ou menacerait ? On sacrifie en priorité la liberté d'expression.

Autre exemple. L'ancien président de la République François Hollande s'apprêtait à tenir une conférence sur la démocratie à l'université de Lille quand il a été empêché de pénétrer dans l'amphithéâtre envahi par des contestataires. Prétendant prôner la liberté d'expression, ces derniers ont notamment scandé : « Lyon, Lyon, ni oubli, ni pardon », « Hollande assassin ! », « La précarité tue, tous responsables ». Un agent de l'université a été blessé pendant l'émeute alors que les exemplaires du livre de François Hollande, *Répondre à la crise démocratique*, ont été jetés à terre et déchirés. Lequel François

Hollande a été placé en zone de sécurité avant de pouvoir quitter l'université. Peu importe son pouvoir d'évocation *particulier*, la pratique consistant à brûler ou déchirer des livres (re)devient une habitude, une mode.

La professeure de philosophie et spécialiste de l'esthétique Carole Talon-Hugon était invitée à la villa Arson de Nice en janvier 2020 pour y présenter son livre, *L'Art sous contrôle*. Un essai traitant de la censure dans le domaine de l'art. En arrivant à l'établissement, un comité d'accueil très spécial lui avait été réservé. Partout, des affiches proclamant « Non à la haine ! » et appelant au boycott de sa conférence avaient été placardées. Lors de son intervention, au bout d'une vingtaine de minutes, une étudiante s'est mise à vociférer dans l'amphithéâtre, l'accusant d'être favorable au viol et à la pédophilie. La nuance, on le sait, est dépassée.

Dans le même registre ou presque, il y a eu les innumérables péripéties qu'a connues Sciences Po Paris ces dix dernières années ; cependant, à propos de la prestigieuse école, intéressons-nous plutôt à « l'affaire » Sciences Po Grenoble survenue en 2021. Ici, l'un des professeurs, des années de maison et de métier, a cru bon de débattre avec l'une de ses collègues en jugeant qu'il n'était pas approprié de mettre sur un même plan antisémitisme et islamophobie. Les arguments ne manquent pas, en effet, soulignent tous les observateurs, pour contester ce parallèle – et même pour le dénoncer. D'un côté, l'antisémitisme a abouti dans certains pays à l'éradication des Juifs, de l'autre l'islamophobie n'a tué personne ; au contraire, des hommes et des femmes ont été assassinés pour leur supposée islamophobie – strictement démentie par les faits, tous le soulignaient.

La suite de cette histoire ? Le professeur a vu son nom associé aux qualificatifs de « fasciste » et « d'islamophobe » sur des affiches placardées aux quatre coins de l'école, une telle publicité exposant cet homme au risque que l'on sait. Et qui s'est rendu coupable d'une manœuvre aussi méprisable ? Un syndicat étudiant, l'Unef, dont on rappelle qu'il était jadis un syndicat laïque et même anticlérical et qui se met désormais en quatre pour empêcher à l'université la lecture de la lettre de Charb, *Lettre aux escrocs de l'islamophobie qui font le jeu des racistes*, et tant pis si ledit Charb a depuis été assassiné par des islamistes radicaux.

La liberté d'expression est aussi bâillonnée là où nous la pensions *naturellement* préservée, à savoir dans le domaine artistique.

Prenons le cas de l'artiste plasticien Claude Lévêque. Visé par une plainte pour viols sur mineurs, il fit face à une virulente campagne médiatique *avant* que les conclusions de l'enquête ouverte ne soient rendues, ce qui entraîna le décrochage « littéral » de ses œuvres par des collectivités territoriales. C'est là un oubli de la présomption d'innocence mais aussi une atteinte au droit moral de l'auteur, un droit absolu, inaliénable et imprescriptible. Un artiste, pas plus qu'un garçon-boucher ou qu'un fleuriste, ne doit être protégé des effets d'une instruction ni ne doit bénéficier d'un quelconque statut dérogatoire – mais puisqu'il est un justiciable parmi les autres, il doit profiter *comme tout le monde* des droits nés de notre pratique judiciaire. Ce n'est quand même pas une commisération excessive que de présumer quelqu'un innocent. Une idée qui vient d'ailleurs de loin et même de notre Révolution : *In dubio pro reo*, le doute profite à l'accusé.

Alarmés par cette situation, des artistes et acteurs de la scène culturelle française ont signé une tribune dans le magazine *Art Press* ; un texte non pas en faveur de l'artiste concerné, mais en faveur de la présomption d'innocence, « l'une des plus belles inventions de la démocratie » selon eux. Le prix à payer fut *sonnant et trébuchant* : *Art Press* a aussitôt perdu une grande partie de ses partenariats et s'est trouvé dans une difficulté financière immédiate mettant en péril son existence. Les signataires eux-mêmes furent poursuivis par la meute, tel l'historien du cinéma Dominique Païni, alors commissaire d'exposition au musée d'Orsay, qui dut rendre des comptes pour pouvoir aller au bout de sa mission.

L'assèchement financier des titres de presse « culturels » fait partie des bonnes pratiques des *nouveaux humanistes.* Ainsi le journal *Transfuge*, pourtant peu suspecté de collusions avec le camp du mal – pour faire simple : la droite –, a vu un nombre important de ses annonceurs « institutionnels » l'abandonner après qu'il a mis Woody

Allen en couverture à l'occasion de la parution de ses mémoires – Woody Allen. Le même magazine a ensuite défendu l'œuvre de Roman Polanski.

J'arrête ici le récit des exemples que trois ou quatre tomes en petits caractères ne suffiraient pas à compiler.

Où est donc passé notre sens d'un débat « libre et raisonné » comme le souhaitait Condorcet ? Le recul de la liberté face à la violence verbale fait désormais figure de principe.

Relevons à cette occasion que les universités dont nous parlions ci-avant s'offrent désormais aux plus menaçants. Ce lieu « sacré » où devait triompher la force de l'argument a été investi par le seul argument de la force. La prise en main idéologique de ces temples de l'enseignement par des militants débouche sur une situation insolite : de tels militants prétendent agir pour la « justice » tout en utilisant les moyens habituels des États totalitaires : censure, violence, intimidation. Il s'ensuit presque logiquement que les droits dont ils estiment les minorités privées – en particulier la liberté d'expression – sont justement ceux qu'ils dénient à leurs contradicteurs.

Un militantisme renforcé sur le terrain théorique par des intellectuels dont le talent cafouillait depuis plusieurs années, et qui sont là opportunément recyclés aux nouvelles causes. Ces derniers prennent leur revanche, en roulant au ruisseau ceux qui étaient perçus comme des représentants du monde ancien.

Avec tout ça, et au risque de passer pour la dévote d'un bon vieux temps, j'en viens à regretter les lignes de fracture des années 1970 et 1980 entre une gauche et une droite qui ne manifestaient pas un tel niveau de haine contre l'intelligence.

C'est pourquoi je propose ici une pause. Un voyage lointain. Dans le temps. Retrouvons Pierre Abélard. Le philosophe et théologien a incarné au Moyen Âge une authentique passion pour la liberté de pensée. Abélard a été le précurseur de l'université, l'institution qu'il a fondée sur l'analyse du langage, la dialectique. La confrontation des idées dans le monde médiéval – ce qu'on appelait alors les « disputios » – permettait des discussions sous la forme d'un débat oral. Les thèses contraires y étaient exposées, le débat était au centre de toute connaissance, la vérité émergeait lors de l'opposition. Deux fois par an, à Noël et à Pâques, il était possible d'apostropher son maître pour le tester, le contester et se former. Les disputes quodlibétiques créées par saint Thomas d'Aquin étaient le lieu de l'exercice de la pensée médiévale. La liberté n'était pas à proprement parler enseignée, mais pratiquée au cœur de l'enseignement.

Réseaux sociaux

Un mot à propos de ce grand espace de liberté : les réseaux sociaux.

Rappelons d'abord – et c'est en soi spectaculaire – qu'il est possible d'exprimer son avis sur les réseaux sociaux *en toute liberté* et même de façon anonyme. Liberté d'expression et réseaux sociaux sont donc inextricablement liés.

Au début des années 2000, quand Internet a pris son essor, lorsque Facebook puis Twitter sont nés sous un ciel digital radieux et rempli de grâces, nous nous sommes crus à la veille d'un monde forcément meilleur. Le paradis, l'utopie, présentait toutes les caractéristiques d'une démocratie enfin achevée. Tout le monde pouvait « enfin » s'exprimer, avoir accès à la connaissance et aux savoirs. Une vingtaine d'années plus tard et à côté des incontestables ressources et bienfaits du « web » ont surgi les habitudes de l'insulte, une prolifération de fausses informations, de contenus haineux, de harcèlements de toutes sortes.

Il est important d'observer cette dérive de la liberté d'expression en même temps que le développement des mouvements d'émancipation. Aujourd'hui, plusieurs personnalités, comme l'économiste Jacques Attali dans un entretien au *Point* en mai 2021, appellent à démanteler les géants technologiques « face aux réseaux sociaux qui tuent et aux fake news qui menacent la démocratie ». La loi du 22 décembre 2018 relative à la lutte contre la manipulation de l'information a pourtant été votée. Loi qui, pour la première fois, impose aux grands réseaux sociaux de mettre en œuvre des moyens pour lutter contre le succès de ces fausses informations. De leur côté, les citoyens apprécient diversement d'avoir à trier le bon grain de l'ivraie, le vrai du faux. Le faux présente parfois plus d'intérêt que le vrai et la couverture du *Gorafi* sera assurément plus virale que celle du *Figaro*.

La culture de l'émotion, les caprices de l'impatience, le militantisme acheté comme une mode, le concours des petites vanités encouragent non seulement l'expression des opinions mais aussi, hélas, l'insulte et le détournement des faits.

Peut-on vraiment compter sur les citoyens et sur un effort collectif majeur pour que l'emploi des réseaux sociaux arrive enfin à maturité ? Pas tous, sans doute.

Le numérique a incontestablement ouvert des horizons à la liberté. Il a contribué à l'émergence de nouveaux combats à l'égard desquels les médias traditionnels auraient été sûrement indifférents, il a incité chaque internaute à prendre position et à se former un jugement. Et c'est donc pour le meilleur et pour le pire que le citoyen s'est trouvé enrôlé tel un juré permanent par les réseaux sociaux.

Derrière l'abstention

Si la politique engorge les réseaux sociaux, elle s'éloigne progressivement du seul endroit où elle devrait connaître son aboutissement logique : les urnes.

Cette désinstitutionalisation de la politique est un cri pour la liberté d'expression et la pluralité des opinions. Nous voici face à 13 millions d'abstentionnistes, des hommes et des femmes qui ont naturellement leurs opinions. Nous avons enregistré des taux d'abstention records aux présidentielles, aux législatives, aux municipales, aux régionales, aux élections syndicales, aux élections professionnelles, et nous y sommes devenus indifférents. Parallèlement à ces abstentions successives dans les canaux traditionnels de la démocratie, les courants de pensée existent. Ils se développent, évoluent ; et ils s'expriment.

Les associations ont remplacé les institutions, la violence le débat, le happening ou le coup d'éclat médiatique ont supplanté la confrontation des arguments. Des chapelles sont à l'œuvre, qui verrouillent la pluralité réelle dans les médias en utilisant la menace et la violence. Combien de fois ai-je entendu des chroniqueurs ou des intervenants avouer ne pas vouloir/pouvoir aborder tel ou tel sujet du fait des menaces ? Pressions, insultes, représailles… Ces forces invisibles à l'écran tronquent l'expression plurielle des opinions ; les plateaux de télévision sont minés.

Prenons l'exemple de ce reportage diffusé en janvier 2022 sur M6, consacré à l'islamisme radical dans la ville de Roubaix. Y étaient suggérés les liens entre le maire et une association de la ville, soupçonnée de dispenser des « cours coraniques » sous couvert de cours d'arabe financés par des fonds publics. Le reportage montrait également des images de poupées sans visage, vendues dans un magasin du centre-ville. Pour la première fois en France se trouvait révélé le phénomène du communautarisme tel qu'il se développe depuis plusieurs années dans différentes villes françaises.

La polémique a envahi l'espace médiatique comme les réseaux sociaux. Un témoin de l'émission ainsi que la journaliste Ophélie Meunier ont aussitôt reçu des menaces de mort, qui ont entraîné leur placement sous protection policière.

À l'occasion de cette émission, la journaliste Ophélie Meunier n'a fait part d'aucune opinion, ni n'a souscrit à une thèse politique particulière ; elle a simplement fait son métier qui consiste à informer le public, sans travestir les faits et les circonstances. Le déontologue le plus vétilleux n'aura rien à lui reprocher.

Avant, on pouvait être menacé de mort pour avoir exprimé ses opinions – une chose inadmissible sous les latitudes d'une démocratie. Aujourd'hui, on est tout aussi menacé pour avoir informé le public d'une réalité.

Jusqu'où va le recul des libertés ? À quel stade de privation sommes-nous parvenus ? Que reste-t-il *vraiment* de la liberté ? Ce qu'il nous reste, c'est une liberté, sans expression. Des libertés sans expression.

École de journalisme aujourd'hui

La plupart des écoles de journalisme, jadis des sanctuaires de l'ouverture d'esprit, de l'ouverture intellectuelle, ne sont plus ce qu'elles étaient. Elles incitent les étudiants à préférer des idées et des valeurs déterminées à l'exclusion d'autres. Ceux qui auraient l'impudence de sortir des rangs et de revendiquer d'autres influences sont aussitôt découragés. Certains se plaignent à bon droit de ce manque de diversité idéologique dans les écoles. Jade, 18 ans, m'a ainsi rapporté que « les professeurs nous donnent plus ou moins les mêmes conseils : le matin il faut écouter France Inter, France Info, voire France Culture. Si RTL, Europe 1 ou RMC ne sont pas proscrits, on nous fait comprendre que les radios de service public sont meilleures qualitativement. Pas question de glorifier les chaînes d'info ! ».

Lors du séminaire d'une école en mars 2021, des enseignants ont indiqué à plusieurs promotions : « C'est à vous de choisir la carrière que vous voulez avoir, mais soyez vigilants quant aux choix que vous serez amenés à faire. Vous aurez peut-être une opportunité à BFMTV, LCI ou CNews. Mais si vous acceptez, il faudra être conscient que travailler pour cette chaîne revient, en quelque sorte, à cautionner tout ce que la chaîne propose comme ligne éditoriale. » De nombreux étudiants ont été choqués par ces propos et m'en ont témoigné directement.

D'une manière générale, les écoles ne cachent pas leur mépris pour les « chaînes d'info », notamment CNews, qualifiée de « Fox News française, de chaîne d'info populiste, très à droite, qui ne fait plus du journalisme ». Propos recueillis tels quels par un étudiant dans une école de journalisme parisienne dont on n'attend pas qu'elle procède à de telles distinctions.

Ce sont les enquêtes de Mediapart qui sont naturellement mises en avant et même élevées au rang de modèles. La présence des queues de homard dans l'assiette d'un ministre, des bouteilles de bon vin français servies à table, une dizaine de dîners incriminés. Un style d'enquête reconnu. De même loue-t-on les mérites du service public et de ses investigations. Les patrons pourris traqués dans la rue, les communicants qui mangent la poussière, les voix off goguenardes : un style d'enquête également reconnu. Pour être un « bon » journaliste, il est par conséquent conseillé de lire *Le Monde* et *Libération*, mais *Le Figaro* est quant à lui perçu comme « un média d'opinion ».

Les étudiants en journalisme sont découragés de se tourner vers les radios, les télévisions privées et leurs émissions populaires, fût-ce à l'occasion d'un stage. Elles sont mises dans un même sac, une même sous-catégorie de l'estime, qu'importe l'audience ou la popularité du média en question. Des étudiants essuient des éclats de rire moqueurs s'ils osent déclarer apprécier une émission sur une radio ou une télévision privée. Les élèves en journalisme me rapportent que Mediapart, *Libération*, France Inter, Arrêt sur images ont les faveurs des enseignants tandis que *Valeurs actuelles*, CNews, BFMTV, Sud Radio font sur eux l'effet des gousses d'ail montrées aux vampires. « Il m'est arrivé d'avoir la plus mauvaise note, uniquement parce que j'avais cité une chaîne d'info », m'a raconté une étudiante journaliste, devenue depuis major de sa promotion. Une fois « le système bien compris » et qu'elle avait décidé de s'autocensurer.

« Dans la manière d'enseigner, dans les exemples pris, dans les discussions, j'ai ressenti qu'on allait dans un certain sens et que si on y était opposé, c'était mal vu. Mettre en avant une autre forme de journalisme avec un point de vue différent était montré du doigt, m'a témoigné Maxime, lui aussi étudiant en journalisme. Mais sans que jamais les choses soient dites. Chacun comprend que “la gauche, c'est bien, et la droite, c'est mal”. »

Devant ce constat de conformisme au sein de ces écoles, de nombreux jeunes ont fait le choix de s'en détourner.

Quoi qu'il en soit, les médias ont précipité le déclin de leur influence avec des artifices auxquels ils confiaient justement le soin de la raviver : en imposant une sélection morale des sujets et des invités, en négligeant les personnalités jugées « infréquentables » selon des critères à leur seule appréciation. Si les médias et journalistes avaient voulu affaiblir leur métier, ils ne s'y seraient pas pris autrement.

CNews est par exemple pointé par le site www.integrersciencespo.fr comme étant d'extrême droite. Le directeur général de la chaîne, Serge Nedjar, répond dans une interview au *Figaro* : « Cela devient une habitude et une forme d'expression d'assimiler CNews à une chaîne d'extrême droite en stigmatisant les personnes qui y travaillent. Ce n'est tellement pas le reflet de ce qui se passe ici ! Mais c'est tellement facile ! En réalité nous avons bousculé l'hégémonie de certains médias traditionnels qui pensent et disent tous les mêmes choses et renvoient dans le "camp du mal" ceux qui ne pensent pas comme eux. C'est sans finesse et sans nuance. Le public, lui, n'est pas dupe. Il sait que CNews ne roule pour personne, ni parti ni homme politique, hormis ses téléspectateurs. Chaque fois que nous sommes attaqués, d'ailleurs, notre audience progresse. »

Depuis 2019, les audiences de CNews ont triplé. La case 19/20 a été multipliée par 15 entre 2019 et 2022.

Il n'est ainsi pas un compartiment de notre vie qui échappe au repli de la liberté d'expression. À cela, on m'oppose souvent que l'humour et l'irrévérence sont mieux portants que jamais ; jamais il n'y aurait eu autant de stand-ups, de visibilité, de talents. En effet, les salles programment à tour de bras ces « nouveaux comiques » qui monologuent souvent – et étrangement – sur des sujets égocentriques et communautaires à la fois ; ils collent au train des modes. Leur obéissance aux rébellions contemporaines est d'un bon rapport coût/bénéfice. Qu'importe si la liste des sujets non-ironisables s'est allongée. Le corps figé, à l'américaine, ils alternent les tranches de vie avec les sujets sociétaux préférés. De ce point de vue là, le ricanement triomphe. Mais comme le constate Georges Minois dans son *Histoire du rire et de la dérision*, cet humour ne sert plus à rien, sinon à faire rire. À quoi on ne peut s'empêcher d'ajouter une autre citation, de François Cavanna celle-ci : « Le rire – je n'ose écrire l'humour, petit métier abandonné à des humoristes pour noces et banquets –, le rire est brutal, provocateur, imprévisible, injuste, sans pitié. Il ne venge, ne punit ni ne juge. Il s'en fout. »

Comment pratiquer l'humour quand nos sociétés accordent autant d'importance aux offensés ? N'est-ce pas au contraire la vocation des humoristes que d'offenser à tout bout de champ, à tout propos, à tout prix ?

On citera comme toujours les noms de Gaspard Proust ou Blanche Gardin pour démontrer que le métier a encore ses grands interprètes, et surtout sa liberté de ton. Mais à eux deux, ils ne sont pas près d'abuser de la liberté.

D'aucuns affirment que c'est au nom d'un nouveau puritanisme que les interdits prolifèrent. Voyez le cas de l'érotisme, qui recule dans les propositions littéraires ou cinématographiques tandis que la pornographie la plus « trash » explose dans nos téléphones, devenant ainsi accessible aux enfants.

En 1973, sur 514 films distribués dans les salles, 120 étaient classés dans la catégorie « érotique » par l'hebdomadaire *Pariscope*. Un ministre des Affaires culturelles, Michel Guy, avait autorisé la projection de films érotiques et même pornographiques au cinéma : « Les gens choisissent ce qu'ils veulent voir et je dois les laisser libres. » Aujourd'hui, ce genre de films ne sont plus en salle mais accessibles à bout de clic par des enfants. Les choses ont depuis bien changé. Les libertés liées aux comportements sexuels ne sont pas sans exciter les nouvelles gardiennes des tabous que sont en premier lieu les grandes entreprises digitales. On vient de le dire, le « porno » gratuit est désormais à portée de clic, et cependant les Gafam et leurs algorithmes censurent les œuvres d'art jugées obscènes : *L'Origine du monde*, de Courbet, la *Vénus de Willendorf*, Delacroix et sa *Liberté guidant le peuple*, etc. Le poil, les mamelons, les sexes de tous les genres et dans tous les états : les maîtres du monde n'en veulent pas. Les critères moraux supplantent les règles juridiques. « Nous avons supprimé un contenu », « Nous avons identifié un contenu non conforme aux standards de la communauté », « La présence de nudité est sujette à restriction » : comment peut-on accepter que notre capacité d'expression soit ainsi bridée, dirigée, par les Gafam (qui semblent décidés à mal penser dans tous les domaines) ? D'où vient que nous soyons soudainement impuissants face à de telles ingérences ? Et d'ailleurs : chaque compte Facebook « censuré » entraîne-t-il le départ de l'internaute ? Évidemment que non. D'abord parce que cet internaute privilégie sa visibilité à sa liberté, ensuite parce qu'il lui arrive d'utiliser la même interface pour contribuer à son tour à la censure : en « likant » les écrits diffamatoires, en appelant au déboulonnage de quelque statue, en contribuant à l'opprobre général sur tel ou tel sujet.

Revenons à l'époque d'*Emmanuelle*, de Just Jaeckin : 9 millions de spectateurs en France et 45 dans le monde entier. Une partie des Français s'était alors élevée contre cette sexualisation à portée de vue : un sondage réalisé en 1975 par *Paris Match* révélait que 56 % des personnes interrogées se proclamaient en faveur de la censure.

C'est là une vérité honteuse : la censure résulte aussi d'une demande. Plus on va vers la régulation par exemple, et plus on en exige. Nous autres Français manifestons ce penchant – naturellement inavouable – pour la censure, dont nous jugeons l'utilité supérieure à l'amertume. Pour cette raison aussi, nous pensons voir dans la censure une protection. Et l'on ne sait décidément pas à quelle censure se vouer pour être tout à fait rassurés. Où nous sommes, hélas, des moutons épris de la bergerie. Selon un article du *Parisien* d'octobre 2019, « un site américain a compilé toutes les demandes de retrait de contenus adressées à Google et aux réseaux sociaux. La France se classe 2e pour les requêtes auprès de Facebook. (...) La France fait partie du peloton largement en tête des pays qui ont le plus demandé le retrait de contenus auprès de Facebook, Google, Microsoft, Twitter ou encore Wikimedia, l'éditeur de Wikipédia. (...) Selon les données regroupées par Comparitech, le gouvernement français et ses instances ont procédé à 49 971 demandes de retrait de contenus toutes plateformes confondues. Soit le 4e pays le plus actif derrière l'Inde (77 620), la Russie (77 162) ou la Turquie (63 585) ». Ces chiffres en disent assez sur notre désir de censure.

Tout n'est jamais tout blanc ou tout noir, et la censure, utilisée à bon escient, a été signe d'évolution souvent. N'est-ce pas à la censure que nous devons des œuvres et des artistes dignes de ce nom ? Que serait Descartes sans l'odieuse persécution de Galilée, comment André Chénier a-t-il connu un tel succès posthume, et qui a mieux servi les ventes de Flaubert qu'un procureur idiot ?

Cette ironie, si elle console un peu, laisse vite la place à l'oppressant constat d'une époque « illibérale ». Et ce n'est pas l'actualité la plus brûlante qui va nous rassurer. Qu'oppose-t-on à l'agression de l'Ukraine par la Russie, que répond-on à la dictature de Poutine et à son régime privatif de droits ? Observons que nous répondons par la censure. Celle des musiciens, des réalisateurs, des danseurs russes, boycottés, montrés du doigt, écartés. Peu importe qu'ils aient été des opposants au régime, et même qu'ils aient fui la Russie : leur passeport les disqualifie.

La Fondapol, la fondation pour l'innovation politique, a mené une enquête planétaire sur l'état de la démocratie dans quelque 55 pays, *Libertés, l'épreuve du siècle*. On y apprend que la liberté de débattre et de publier est aujourd'hui en péril. En quoi l'enjeu de notre siècle sera de maintenir à chacun l'exercice raisonnable de nos libertés fondamentales. Les périodes récentes de confinement et les différentes restrictions imposées par la crise de la Covid-19 ont habitué les populations à des compromis que l'on espère, sans trop y croire, derrière nous. Sachant que les pires dégâts ont été commis avant, par la police d'opinion, par la « troupaille » des réseaux sociaux, par l'autocensure, par les nouveaux dogmes dont nous avons précédemment fait état…

La vérité comme la liberté se voient chaque jour infliger des blessures qui mortifient la vie. Serons-nous assez nombreux ou persuasifs pour révéler ce recul des libertés, notamment auprès de ceux, et ils sont nombreux, qui persistent à en nier l'existence ? « Les faits ne pénètrent pas dans le monde où vivent nos croyances. » Et Marcel Proust n'est jamais assez lu.

Le grand tournant

À quelques minutes d'arriver à l'école, Léa referme son livre.

« Tu n'as pas ton marque-page, ma chérie ?

— Non, maman, je l'ai oublié.

— Plie un coin de la page, sinon tu seras perdue, ma belle.

— Ah non, maman ! Je ne veux pas abîmer le livre ! Page 154, je n'oublierai pas.

— OK, OK… Remarque, c'est l'avantage avec un livre, les gens qu'on aime nous attendent là où on les a laissés…

— Belle journée, Gordan ! Belle journée, Slaven ! » lance-t-elle en enlevant sa ceinture de sécurité.

Léa s'est habituée très vite à ces deux hommes qui nous accompagnent en permanence depuis que j'ai été menacée de mort. Dès le début de « Face à l'info », j'ai reçu des courriers anonymes à mon domicile et à mon travail, puis des e-mails sur mon adresse privée. Avertissements, sommations, insultes, menaces circonstanciées : le champ lexical de la haine est plus étendu qu'on ne le pense. Mais ces mots ont bien une figure, et il faut s'imaginer celle qui, au-dessus du clavier, vous écrit avec autant d'exécrations. C'est évidemment une chose étrange que de se trouver protégée parce que je suis une journaliste. C'est ainsi qu'un beau jour la vie devient absurde, insensée, impossible. Il n'y a rien à remettre en cohérence, rien à pardonner, rien à justifier. Un journaliste – comme n'importe qui, évidemment – doit pouvoir faire son métier sans craindre d'y laisser la vie, et écrire une phrase pareille, en France et en 2022, nous plonge dans une nuit grandissante, viciée par la violence, autrement dit dans un cauchemar.

« Gordan, Slaven : que représentent-ils pour toi ? » ai-je demandé à Léa.

Elle m'a répondu :

« L'amitié, la liberté.

— Comment ça, la liberté ? N'est-ce pas plutôt le contraire ?

— Mais, maman, avec eux on va où on veut quand on veut, maintenant, non ? »

Je lui avais expliqué que, parmi les intervenants et éditorialistes sur mon plateau, il m'était reproché la présence d'Éric Zemmour.

« Et les autres chroniqueurs, maman ? »

Elle connaissait tous les noms par cœur.

« Je ne crois pas que les autres posent problème, ma chérie.

— Mais toi, pourquoi on t'en veut ?

— Regarde bien autour de toi dans la cour de récréation, il y a ceux qui t'apprécient, et ceux qui ne t'apprécient pas. Et il y a encore ceux qui ne t'apprécient pas parce que tu es souvent avec un autre camarade, lui-même détesté.

— Oui, maman.

— Dans mon travail, c'est un peu pareil. Certains aiment Éric Zemmour, tandis que d'autres le réprouvent.

— Le quoi ?

— Le détestent.

— Ils n'ont pas le droit !

— Mais si, ma chérie. On est libre d'aimer, de ne pas aimer. On est libre aussi d'être “sans opinion”, même si ce n'est plus très courant... Et puis on confond l'humeur et l'opinion, mais cela est encore une autre histoire. Quoi qu'il en soit, ce n'est pas à maman de dire aux gens ce qu'ils doivent penser ; mon rôle consiste à leur donner de quoi se faire un jugement sur tel ou tel sujet. Tu comprends ? C'est au téléspectateur de choisir. D'écouter, de rejeter, d'adhérer en partie, puis de zapper, ou bien d'éteindre sa télévision et d'aller voir des choses souvent plus intéressantes ailleurs. »

Avec de tels arguments, je ne sais pas si je suis parvenue à expliquer à une enfant de 7 ans ce que certains adultes s'obstinent à ne pas vouloir entendre.

Le fait est que, le jour où l'on m'a proposé d'animer une émission avec Éric Zemmour « au casting », celui-ci était déjà une figure controversée et parfois honnie du paysage audiovisuel français.

C'est Gérald-Brice Viret, directeur général des antennes et des programmes du groupe Canal+, qui m'a proposé en 2019 d'animer « Face à l'info », une proposition évidemment approuvée par Serge Nedjar, le directeur de CNews. Je connaissais bien Gérald-Brice, non seulement je l'avais auditionné au CSA, mais j'avais en outre travaillé avec lui sur la chaîne Voyage. Les mots de Serge m'ont également rassurée : « J'aime votre calme, Christine, le monde pourrait s'écrouler autour de vous que vous seriez paisible, sereine. Je vous observe lorsque vous intervenez chez Pascal Praud : personne n'ose vous provoquer. »

Je connaissais aussi CNews. J'y venais commenter l'actualité dans l'émission de Pascal Praud. Une activité hebdomadaire que je combinais avec mes chroniques dans « Touche pas à mon poste » sur C8. La même maison que CNews, la même famille, et le mot « famille », dans ce groupe, n'est pas inconsistant.

C'est bien simple, je n'avais jamais vu une entreprise où les équipes étaient aussi soudées. Que l'on soit sur C8 ou sur CNews, vous ressentez une solidarité, une chaleur, j'oserais dire une fraternité comparable à celle des gens qui embarquent dans le même bateau et surtout la même aventure. Rallier la bande de Cyril Hanouna, c'est rejoindre la revue d'un grand cabaret. Les vêtements sur cintre, les déguisements et accessoires passent à toute vitesse tandis que vous avez l'impression de chercher votre chemin dans le Montmartre nocturne des grandes années ; vous êtes là, au milieu d'un essaim de coiffeurs, de maquilleurs, de stylistes que l'urgence du spectacle fait s'agiter. Des employés de production vont et viennent comme un soir de première et, lorsque l'émission démarre, vous avez cette impression formidable d'atterrir dans une cour de récréation sans proviseur ni surveillant.

Cependant, cette émission obéit à une mécanique professionnelle d'une précision admirable.

J'ai avec eux beaucoup observé, et appris. La leçon principale, c'est qu'il est possible de travailler sérieusement sans cet esprit de sérieux qui est la chose la plus inauthentique, la plus mensongère.

J'ai appris à être moi-même, à me libérer de la pesanteur des poses et des « armures ». Quant à Cyril Hanouna, si souvent décrit comme un enfant-roi, un sale gosse, il s'est révélé un homme intuitif, pourvu d'une énergie vitale à faire pâlir d'envie les bâtisseurs d'empire. Il est encore ce travailleur méticuleux, dont le caractère généreux n'en finit pas de surprendre, *un humain très humain* qui ne reçoit les maximes de son action ni d'un maître ni de personne.

Il a parrainé mon association pour la défense des familles monoparentales sans y chercher la publicité philanthropique que d'autres auraient négociée au préalable. Il était venu en Guadeloupe, à ma demande, pour accompagner des enfants qui n'avaient jamais pris de vacances de leur vie ; j'ai été touchée par le temps qu'il a consacré à ces gamins qui ensuite ne le lâchaient plus.

J'étais donc sous contrat avec cette équipe quand la nouvelle aventure de « Face à l'info » m'a été proposée. J'anticipais néanmoins le coût social de l'opération : j'avais perdu de nombreuses fréquentations et même des amis lorsque mes apparitions chez Hanouna s'étaient multipliées. Sans surprise, certains m'avaient fait payer ma faute de goût supposée. Des « amies », parfois flanquées d'un faux nez ou d'une fausse bouche, me disaient que j'avais tout faux. On ne me pardonnait pas le registre populaire de ces émissions, et on me pardonnait encore moins leur succès – certains s'imaginent des privilèges mais jamais de la grandeur ou de la générosité.

Ce coup-ci, avec Éric Zemmour près de moi tous les soirs, j'imaginais qu'une partie du pays me tomberait dessus. Et, de vous à moi, j'aurais préféré me tromper.

Le matin de la première de « Face à l'info », le 14 octobre 2019, j'étais interrogée en direct par Jean-Marc Morandini : « Je ne sais pas si je serai à la hauteur. Je viens avec mes forces, avec mes faiblesses. On verra bien ce que ça donne. »

Personne ne pariait sur cette émission, personne ne l'imaginait pouvoir plaire et durer, personne ne pensait qu'elle avait sa place, personne à l'exception de la direction de CNews.

Avec le nom d'Éric Zemmour montaient des controverses et divisions. Sa personnalité comme ses propos lui valaient l'admiration des uns, l'hostilité des autres. « Le xxe siècle est le siècle de la polémique et de l'insulte », avait dit Camus, sans imaginer qu'il écourtait sensiblement le problème.

Étais-je effrayée ? Pas du tout. J'aime ce métier ; j'aime les efforts qu'il implique : ceux que l'on a faits et ceux que l'on est disposé à faire encore.

Zemmour dans les yeux

Le grand « Satan » était donc de retour. Non mais vraiment ? Le public achetait-il cette idée ? D'abord, il y a toujours une part de comédie et de trucage derrière les monstres que le spectacle médiatique ou politique veut créer à tout prix. Des monstres si idéalement négatifs qu'ils donnent du style et des éclairs à une dispute droite-gauche exténuée, vidée par le temps et tuée par l'habitude.

En septembre 2019, Éric Zemmour vient de faire une apparition lors d'une convention réunissant les différents courants de la droite ; son statut d'éditorialiste, écrivain, essayiste se teinte désormais d'une couleur politique conservatrice *assumée.* Il met les deux pieds dans le plat, et défend ses arguments qui dans d'autres pays latins ou anglo-saxons s'affichent sans contraintes ni réserves, à chaque pulsation de la vie démocratique. Patriote.

En 2019 donc, Éric Zemmour a une longue carrière derrière lui. Il a fait partie du service politique du *Figaro*, a été chroniqueur à RTL. On l'a vu sur Paris Première, tous les mercredis, débattre dans un talk-show avec Éric Naulleau. Il est intervenu pendant cinq ans sur France 2 dans l'émission *On n'est pas couché*, a débattu pendant dix ans sur I-Télé dans *Ça se dispute*, où il battait à chaque fois des records d'audience – notamment en compagnie de Nicolas Domenach et Léa Salamé. Cette dernière a quitté l'émission en juillet 2014, en exprimant des adieux émouvants sur le plateau : « Quand j'étais jeune journaliste, je vous regardais avec envie. Cette émission était la meilleure, un vrai débat d'idées, une vraie confrontation. J'ai été très honorée de la présenter à vos côtés. »

Ce que l'on me demandait consistait ni plus ni moins à reprendre le flambeau à ma façon, et à poursuivre la pratique du débat télévisuel telle qu'elle avait été inaugurée par *Ça se dispute* – en l'améliorant là où nous le jugions utile.

Je me souviens naturellement de ma rencontre avec Éric Zemmour. C'était le 14 octobre 2019, pour la première de « Face à l'info ». Nous étions déjà tous installés quand il est arrivé sur le plateau, à 18 h 58, deux minutes à peine avant le direct. Il était poli quoique tendu ; il se sentait visiblement en milieu hostile. Je ne l'avais pas informé du rôle que je comptais m'attribuer dans le dispositif de l'émission. Jusqu'aux premières minutes de notre échange, il ignorait que la position que je convoitais était celle de l'arbitre et de la neutralité. Non, je ne serais pas là pour applaudir à ses arguments ni pour me choquer de ses analyses, mais veiller au respect de la loi.

L'émission a démarré dans une ambiance ô combien électrique, des manifestants salafistes étant regroupés à l'extérieur des locaux, des chemins détournés pour arriver à la chaîne, puis au plateau télé, des mépris médiatiques dans la presse, sur les réseaux sociaux, des insultes. Néanmoins les tensions ont fini par glisser sur moi, sur nous. Notre discussion a pris progressivement son envol, démontrant dès ce premier jour combien elle était libre et pourtant responsable.

Pour ma part, j'ai profité de ce premier moment pour découvrir et déchiffrer Éric Zemmour. Vous allez juger que j'exagère, mais l'expérience m'a appris qu'aucune radiographie, aucune enquête de moralité, n'est digne d'un *regard.* D'un véritable regard, on apprend ce que l'on ne saurait voir à l'œil nu.

La technique, si je puis dire, imite celle d'un peintre russe – si par exemple le nom de Serov vous dit quelque chose, Valentin Aleksandrovitch Serov : il faut savoir scruter un regard, et flouter volontairement le reste. Ce n'était donc pas le phénomène Zemmour que j'épiais et sondais, mais les yeux d'un homme.

Son regard ne se promenait jamais au hasard : ce n'était pas un regard qui erre, qui hésite. Ce n'était pas non plus un de ces regards soupçonneux, qui interrogent, et néanmoins son regard semblait pareil à l'oreille des mélomanes à laquelle rien n'échappe. Lui, prétentieux ? À l'évidence, non, il ne se voyait pas en Dieu ou en Apollon du Belvédère. En témoignait ce regard soudainement rieur, presque espiègle ou enfantin, dès que la conversation dérivait vers des sujets secondaires.

Sur le fond, j'ai observé qu'il adaptait le ton de son propos aux débatteurs. Il était capable de discuter, d'argumenter, de sourire face à ceux qui ne pensaient pas comme lui et même ceux qui le détestaient sans nuance.

Ce portrait initial d'Éric Zemmour n'a pas été éraflé par nos centaines d'heures télévisuelles passées ensemble. De nombreux mystères resteront toutefois entre nous. Il ne sait pas pour qui je vote, il ne sait pas si j'adhère à un bord politique. Nous n'avions jamais pris le temps d'un déjeuner pour échanger. Un des mystères qui perdure à propos d'Éric, finalement, réside dans le nom qu'il a choisi de donner à sa maison d'édition créée en 2021 : « Rubempré »... Lucien de Rubempré est un personnage né de l'imagination de Balzac. Un homme dévoué à ses espérances, à ses illusions. Un homme qui se détourne du passé et conjugue l'existence au futur obsessionnel. Chez cet ambitieux, il n'est jamais question de mémoire tandis qu'Éric, lui, se fait le chantre de la remémoration. N'est-ce pas là peut-être une étrange contradiction ?

En février 2021, je répondais à une interview de *TV Magazine* : « On n'éteint pas un incendie avec des flammes. On n'éteint pas Éric Zemmour avec sa fougue, en lui criant dessus, en faisant du cinéma journalistique. Je ne me positionne pas comme son contradicteur mais je distribue la parole, je tempère, je modère, demande des explications. C'est un exercice extrêmement difficile. On peut échouer, on peut passer à côté, mais l'essentiel est d'être concentré. »

Mon attitude impartiale vis-à-vis d'Éric Zemmour n'a jamais varié. Ce qui ne m'a pas empêchée d'intervenir aux moments que je jugeais opportuns pour lui faire préciser ses idées. Qu'elles me plaisent ou non. La limite impérative étant celle de la loi.

En dépit de toutes ces précautions, je n'ai pas vu le coup le plus sournois et le plus blessant venir.

Où l'on se mit à écrire et à dire que ma couleur de peau était un facteur aggravant quant à ma collaboration avec Éric Zemmour. Où j'étais, chaque soir, une insulte faite aux Noirs. Où des Noirs se disaient choqués que je sois admise aux côtés « d'un raciste », sans voir dans ces circonstances que leur propos était justement raciste à mon endroit.

Il était dès lors clair que des prétendus antiracistes me renvoyaient à ma couleur de peau, que j'étais une nouvelle fois sommée de prendre position, quand bien même mon métier de journaliste ne devrait pas être pris pour celui d'une employée de la politique.

Je me souviens de ce tweet d'un certain Abdel, me sermonnant : « Tes ancêtres étaient des esclaves, jamais tu ne seras acceptée comme française. » À quoi j'avais répondu : « Cher Abdel, mes ancêtres étaient des esclaves du Congo Brazza, des Bretons, des Indiens de Madras, des Arawaks rescapés et des Vietnamiens venus travailler aux Antilles. Je ne demande pas à être acceptée en France : je suis française. »

Le droit français n'empêche pas des gens de vous blesser avec des mots. Et concomitamment, nous l'avons vu, des légions de soi-disant offensés militent pour étouffer progressivement la liberté d'expression.

Dans cette situation paradoxale, où le Nord n'est plus le Nord, où la meilleure boussole peut s'affoler, il faut savoir garder son cap. Rester stoïque. Faire face. Résister.

Éric Zemmour a quitté la chaîne et l'émission « Face à l'info » le jeudi 9 septembre 2021. On a alors parlé de « zemmourgate » à propos de la décision du CSA relative au décompte de son temps de parole. Une première pour un éditorialiste.

Je laisse la parole à la philosophe et ancienne directrice de l'École supérieure de Paris, Monique Canto-Sperber : « Ce n'est pas en faisant taire ses détracteurs que l'on montre la force de ses convictions. Il faut vouloir se confronter à une adversité pour défendre ses propres valeurs[1]. » Je n'écrirais pas autrement ma profession de foi.

1. Propos recueillis par Claire Legros *in* « Il ne peut y avoir de liberté d'expression quand il y a une parole dominante », LeMonde.fr, 5 mai 2021.

Du bon débat et du non-débat

Les talk-shows ou émissions-débats se sont imposés à la télévision française dans les années 1990. Leur recette n'a depuis guère varié et chaque chaîne ou presque en propose au moins une sur sa grille des programmes. Au risque de surprendre, je suis peu cliente de ces émissions où le débat n'est qu'une promesse non tenue et sa vertu une hypothèse non étayée. On y débat, certes, avant de se demander de quoi. On fulmine, on gueule, on s'époumone. Dans cette époque de colère « inflationnée » où les points d'exclamation se gaspillent, la télévision devient le décor d'un simulacre.

En réalité, un débat requiert d'être travaillé, par les invités comme par l'animateur. Les thématiques ne doivent pas être jetées en l'air et au hasard, mais au contraire traitées avec un maximum de contraintes. Quant aux personnes conviées à débattre, elles seront idéalement légitimes ; or, chez beaucoup de mes confrères, les plateaux de télévision sont des piédestaux trop grands pour les statues.

Oui, que de leçons apprises en conduisant ces émissions !

« Face à l'info » incarne selon moi bien des enjeux de la démocratie d'aujourd'hui.

D'abord, et cela va surprendre jusqu'à mes détracteurs, je pense que la liberté d'expression est trop souvent invoquée de manière caricaturale. Crier au « totalitarisme » devant chaque phénomène de censure n'est ni proportionné, ni exact, ni utile. Ainsi le thème de la liberté hérite-t-il d'avocats parfois trop excités, peu rigoureux, qui ridiculisent un combat nécessaire quand ils ne le déshonorent pas à chacune de leurs saillies.

De là un phénomène symétrique : d'un côté on revendique de faire partie d'une minorité blessée, de l'autre on brandit sa liberté d'expression bafouée, chacun accusant l'autre d'être un censeur et non pas un censuré.

Prenons le cas d'Éric Zemmour. Est-il censuré ? À l'évidence, non. Une fois sa participation à « Face à l'info » interrompue, il s'est jeté corps et âme dans une campagne politique où il a joué sa chance en bénéficiant d'un temps de parole identique à celui de ses concurrents. Avant cela, il était un auteur à succès, il accédait à de nombreux médias, donnait des conférences, des interviews.

Mais alors, où est le problème ?

Le problème, c'est qu'un intellectuel et une bête médiatique comme Éric Zemmour profitera aux plateaux de télévision comme un bon client, c'est-à-dire un excellent pugiliste dont l'esquive et les coups vous garantiront des « poings » d'audience. Quel genre de débat en résulte ? Est-ce dans de telles circonstances qu'Éric

Zemmour et son débatteur feront entendre leurs idées, leurs arguments ? La chaîne de télévision concernée prétendra ici participer à la *pluralité des débats* tout en l'escamotant consciencieusement dans un vacarme antonymique à l'esprit démocratique. Souvenons-nous de ces oppositions entre chasseurs et écologistes, entre scientifiques et climato-sceptiques où l'on fait mine de vouloir « réconcilier » des opinions après les avoir caricaturées : c'est complètement absurde.

Au contraire, « Face à l'info » distribue la parole en écoutant, ne coupant la parole que si nécessaire. Qu'ils soient d'accord ou pas d'accord, les intervenants s'écoutent les uns les autres. La liberté d'expression, ce n'est rien d'autre que ce que nos parents nous ont inculqué : la politesse, le respect, la bienveillance.

Cette émission et CNews en général sont par ailleurs attaquées au motif qu'elles feraient la promotion d'idées « radicales ». Passons d'abord sur le fait que les radicalités sont admises et même applaudies chez les écologistes ou les anticapitalistes, mais qu'elles sont condamnées ailleurs. « Face à l'info », refuge des radicaux ? Au risque de déplaire, et même au public de l'émission, je confesserai que les radicaux de droite comme de gauche ne sont pas invités à « Face à l'info ». C'est là, d'ailleurs, un secret-défense de l'industrie télévisuelle : non seulement les authentiques radicaux ne sont pas conviés, mais eux-mêmes ne veulent surtout pas s'y rendre – sans quoi, d'ailleurs, ils ne seraient plus des radicaux ! Avez-vous vu, par exemple, les Alain de Benoist, Dany-Robert Dufour, Julien Coupat ou Jean-Claude Michéa défiler sur des plateaux de télévision de France 5, LCI, BFM ou France Info ?

« Face à l'info », donc, est l'émission qui s'attache à corriger les imperfections historiques des débats télévisés. Oui, la parole y est libre et audible ; oui, nous y exprimons des divergences ; et non, elle n'est pas radicale au sens où nos contempteurs voudraient le faire croire.

Chez nous, l'indépendance d'esprit n'est pas un vain mot. Le dialecticien Pierre Bayle, professeur de philosophie à l'illustre École de Rotterdam, avait élaboré une théorie dite de la *tolérance civile universelle* que nous pouvons, je crois, revendiquer à notre tour : « La conscience qui est dans l'erreur a les mêmes droits que celle qui n'y est pas. »

L'écoute de l'autre, même si ses arguments et sa pensée contreviennent durement aux vôtres, permet en réalité de calmer les tensions et faire avancer la réflexion. Mais cela exige une patience, une maîtrise, de l'altruisme aussi. Une maîtrise que la société individualiste ne contribue pas à cultiver, il faut bien le reconnaître. Un contact, une personne, vous incommode ? Vous la bloquez sur les réseaux sociaux et votre téléphone portable. La concession, la discussion ont laissé place à un repli sur soi qui n'a fait qu'empirer depuis la période de pandémie. Un repli qui a atteint nos vies sentimentales et détériore jusqu'à nos couples, où l'effort d'une discussion semble aux amants trop pénible, qui préféreront la séparation aux concessions.

La désunion est évidemment plus simple que l'union.

La discorde plus évidente que l'entente.

La démocratie, c'est la confrontation des idées. Empêcher, refuser la confrontation des idées fait de nous des fossoyeurs de la démocratie.

Lorsqu'on me demande à quelles règles j'ai obéi dans cette aventure que j'appelle « Libertés sans expression », je souligne mes six maximes, taillées et retaillées sur la pierre de l'expérience :

Frayer son chemin sans écouter ses émotions.
Le courage augmente en osant, la peur en hésitant.
L'humilité précède la gloire, l'orgueil précède la ruine.
Être ferme sans être fermée.
La guerre est toujours une défaite.
Your opposition is your opportunity, comme le dit le sermon du pasteur Thomas Dexter Jakes que j'admire tant.

La fine équipe

Avant de vous quitter, puis-je me laisser aller à des petites confidences sur chaque chroniqueur de « Face à l'info » ? Marc Menant tout d'abord : j'avoue éprouver une admiration sans bornes pour son intelligence, et l'admiration, on le sait, est un étonnement pareil à l'amour, Marc avait trois ans d'avance à l'école, or ce genre de performance scolaire continue de m'impressionner. Marc démontre surtout une exigence constante avec lui-même et avec l'esprit ; une exigence qui est une humilité et donc une vertu. Chaque jour, nous prenons un instant à la machine à café afin d'échanger. À son contact, j'ai l'impression d'avoir accès à l'érudition humaine la plus ouverte et la plus plaisante. Avec Éric de Riedmatten, nous communiquions tous les soirs après l'émission pour analyser, après avoir vu le replay, ce que nous devions améliorer dans l'émission. Il m'a confié que travailler pour « Face à l'info » avait été le meilleur moment de sa vie professionnelle. Harold Hyman, quant à lui, a toujours été simple, souriant, à l'écoute des autres, sans jamais chercher à écraser un autre chroniqueur. Dimitri Pavlenko nous a rejoints en cours de route en réussissant à nous convaincre par son sens inné de la pédagogie. Tout ce dont il parle est passionnant. Mathieu Bock-Côté s'est intégré à l'émission très rapidement. Ses yeux sont remplis de ces étincelles de vivacité et de lucidité que l'on distingue même à l'écran.

D'un entrain remarquable, alors qu'il est à un niveau intellectuel hors pair, il a toujours envie de mieux faire. Il est capable de lire un livre en une heure, son cerveau fonctionne à une vitesse folle. Il est au même niveau de vitalité intellectuelle que Marc Menant ou Éric Zemmour. Chez Eugénie Bastié, j'apprécie la force du travail, la puissance des idées, la force de l'analyse. Charlotte d'Ornellas m'a émue par sa simplicité. Plus on lui donne du temps pour expliquer, plus sa démonstration secoue, ébranle. Elle possède un esprit d'analyse exceptionnel derrière un sourire délicieusement intelligent.

Entourée d'une telle équipe, si harmonieuse et si saine, j'en viens à remercier la vie, les circonstances, Dieu, de me donner des frères et des sœurs « électifs » qui valent la fraternité venue de la chair.

*

Vite, c'est l'heure d'aller chercher Léa. La journée est pourtant loin d'être terminée. Elle court se blottir dans mes bras.

« Maman, j'ai eu deux 20/20 ! » me dit-elle en oubliant que nous sommes trois. Moi et les deux gardiens de ma liberté, ma liberté sans expression.

« Assieds-toi, mets ta ceinture, on démarre. »

Elle me raconte son cours de théâtre à l'école :

« Aujourd'hui, maman, j'ai joué la star. J'ai défait mes cheveux !

— Inutile de défaire tes cheveux. Ce qui compte, ma chérie, c'est d'être toi-même. Sois libre, toujours. »

Pour nous autres et surtout pour la génération de Léa, il n'est plus temps de s'enfermer dans des discussions byzantines : la liberté est attaquée.

La liberté d'expression en particulier. Qui aurait pensé, il y a quelques années seulement, que défendre la liberté d'expression, seul rempart possible contre les totalitarismes, suffirait à se faire qualifier de réactionnaire ?

La démocratie n'est pas dans la pleine forme de sa vie ; aux quatre coins du monde les régimes totalitaires grignotent du terrain. Or, à l'intérieur de nos propres frontières, nous sentons monter le parfum méphitique de la tyrannie : mainmise sur les médias, l'enseignement, installation de la *cancel culture*, complaisance des intellectuels et des politiques à l'endroit des minorités « offensées », absence de réaction d'un public majoritairement infantilisé, peur de nommer les choses, limitation discrétionnaire du discours par les géants de la Silicon Valley, américanisation de nos mœurs, affaiblissement du langage, etc. Toute liberté est acquise, conquise ? Non, tout est à reprendre, refaire, regagner.

Je dédie ce livre à ceux qui conservent un esprit critique en dépit des pressions en tous genres, mais aussi à ceux qui cherchent à se remettre en question, aux journalistes qui rendent aux faits leur autorité irrécusable, à ceux qui tiennent encore debout les murs de la démocratie.

Puissent-ils faire école. Dans toutes les écoles.

Remerciements

Isabelle, Marc Menant, Alexandre, Maxime Saada, Jean-Christophe Thiery, Gérald-Brice Viret, Jean Le Gall et Léa, pour leur soutien.

Table des matières

Achevé d'imprimer en juillet 2022
par la Société TIRAGE - 91941 COURTABŒUF

M17219/02

Imprimé en France

L'éditeur de cet ouvrage s'engage dans une démarche de certification FSC® qui contribue à la préservation des forêts pour les générations futures.

Pour en savoir plus :
www.editis.com/engagement-rse/